Gisa Pauly

Reif für die Insel

Gisa Pauly

Reif für die Insel

oder

Was ich dir sagen will …

Eine Sylt-Geschichte

rütten & loening
AUFBAU VERLAGSGRUPPE

ISBN 978-3-352-00756-9

Rütten & Loening ist eine Marke der Aufbau Verlagsgruppe GmbH

1. Auflage 2008

Einbandgestaltung gold, Anke Fesel
Druck und Binden CPI Moravia Books, Pohořelice
Printed in Czech Republic

www.ruetten-und-loening.de

1.

Warum ausgerechnet Sylt? Warum Westerland? Kann es nicht Hamburg, München oder Düsseldorf sein? Er muss verrückt geworden sein! In einer Großstadt wäre sein Plan viel leichter in die Tat umzusetzen! Aber nein, er musste sich ausgerechnet für Sylt entscheiden! Für eine Insel, von der man nicht einfach fliehen kann – hinters Steuer, auf die Autobahn, Fuß aufs Gas und weg. Und das Schlimme ist, er weiß genau, warum er es getan hat. Er kann sich nichts vormachen, alles hängt irgendwie mit Sylt zusammen. Das, was in den vergangenen vierzig Jahren geschehen ist, und erst recht das, was nun geschehen wird. Also ist es doch richtig, dass er sich für Sylt entschieden hat?

Ja, es muss wohl so sein. Alles ist richtig. Auch die Fahrt über den Hindenburgdamm ist genau richtig für jemanden, der sich so schwer vom Festland löst wie Paul, der sich so ängstlich auf diese Insel zu bewegt wie er. Der Hindenburgdamm ist besser als eine Flugroute, sogar besser als ein Wasserweg. Die Fahrt mit dem Auto, wenn es auch auf einem Waggon steht, hinter dem Steuer, wenn auch das Lenkradschloss eingerastet ist, erscheint wohltuend normal. Und dass das Navigationssystem durchdreht und sinnlose Anweisungen gibt, amüsiert ihn. Warum sitzt er eigentlich so aufrecht und steif da, als wäre er selbst und nicht der Lokführer für die sichere Fahrt nach Sylt verantwortlich? Eine lange Autofahrt hat er hinter sich. Zeit, während der halben Stunde auf dem Autozug ein Nickerchen zu halten.

Paul tastet an der linken Seite des Fahrersitzes entlang, wo es mehrere Tasten und Hebel gibt. Fast ein Jahr besitzt er dieses Auto nun, und noch immer weiß er nicht, wie sich die Rückenlehne verstellen lässt. Erster Versuch – der Sitz schießt nach hinten, zweiter Versuch – die Sitzfläche neigt sich, dritter Versuch – die Rückenlehne schlägt ihm in den Nacken. Sie mit der gleichen Taste wieder nach hinten zu neigen, gelingt ihm erst, nachdem er versehentlich den Fensterheber betätigt hat. Der scharfe Wind greift mit langen, spitzen Fingern ins Wageninnere, nimmt sich, was er zu fassen bekommt, reißt an sich, was nicht niet- und nagelfest ist. Zum Beispiel die kleinen Notizzettel, die Paul in die Ritzen der Klimaanlage gesteckt hat. Zu blöde aber auch, dass er als Erstes in sein schütteres Haar greift, das keine Unordnung verträgt, wenn der Schein, der durch aufwändiges Föhnen erreicht worden ist, erhalten bleiben soll. Um seine Haarpracht hätte er sich später kümmern können, für einen der Notizzettel kommt diese Erkenntnis zu spät. Er wird aus dem Fenster gerissen, steht für ein paar Augenblicke auf der Spitze eines Wirbels, flattert dann aufgeregt von einem Auto zum anderen, kollidiert mit einer Antenne und erhält, nachdem er sie einmal umrundet hat, den Schwung, der ihn den Möwen nachschickt.

Paul stöhnt auf und lehnt sich zurück. Vielleicht wird in zwei, drei Tagen alles anders sein. Möglicherweise sucht er dann gerade nach dem Gedanken, den er auf dem Zettel notiert hat, oder aber es kommt auf diesen Gedanken nicht mehr an. Er blickt einer Möwe nach, die dem Sylt-Shuttle vorausfliegt, und begreift, dass er ihr folgen muss, dass es keine Rückkehr geben wird. Die Entscheidung ist gefallen. Wie oft hatte er sich geschworen, es auf keinen Fall zu tun. Niemals! Warum diesmal? Weil sich sein Leben ändern soll nach der Scheidung? Weil Uschi sowieso nicht mehr dichthalten wird?

Pauls Augen wandern übers Watt. Wie friedlich es daliegt! Selbst jetzt, wo der frische Wind die Oberfläche aufreibt, sodass sie rau wird und Kälte spiegelt. Seinen Frieden verliert das Watt trotzdem nicht. Das Wasser steigt, mittlerweile ist ein großer See entstanden, der den Himmel aufsaugt. Ja, es liegt wohl an Sylt.

Ich besitze ein Ferienhaus. Ein reetgedecktes Ferienhaus auf Sylt. Das ist doch schon was! Ich will jetzt an nichts anderes denken. Nicht an das, was ich verloren habe, sondern an das, was ich gottlob noch habe.

Elena sagt, ich wäre dumm. »Du kannst viel mehr rausschlagen. Für das, was er dir angetan hat, muss er zahlen.«

Was hat er mir denn angetan? Ich kann nun tun und lassen, was ich will, und mir gehört ein Haus auf Sylt! Ich finde, das reicht. Soll Georg doch glücklich damit werden, dass er eine zwanzig Jahre Jüngere neben sich hat. Soll er doch stolz darauf sein, dass eine Frau ihn attraktiv findet, die beinahe seine Tochter sein könnte! Schorsch nennt sie ihn. Und er grinst dann, als wäre er ein Doppelgänger von George

Clooney. Seinen Bauch sieht sie anscheinend nicht, die grauen Haare, die Halbglatze, die Tränensäcke auch nicht.

»Ist doch klar«, ereifert sich Elena. »Sie sieht nur sein Geld. Hättest du dafür gesorgt, dass er keins mehr hat, würde sie jetzt nicht auf Heirat drängen.«

Aber was geht mich das an? Gar nichts! Zum Glück! Wütend macht mich nur, dass ich die Alleinherrschaft über dieses Ferienhaus einem Klischee verdanke. Ausgerechnet eine Jüngere und ausgerechnet seine Sekretärin! Wer hätte gedacht, dass mein Leben mal einem Groschenroman ähneln wird? Und dass ich beim Happy End nicht mehr dabei sein würde!

Fenster auf und kräftig durchlüften! Klischees stecken voller Mief. Raus mit ihnen! Warum denkt man beim Happy End eigentlich immer an zwei Menschen, an Mann und Frau? Am Ende einer dreißigjährigen Ehe kann man auch allein ziemlich happy sein. Gerade dann! Ein Happyend ganz für mich allein! Eigentlich gar nicht schlecht.

»Moin, moin!«

Ja, begafft sie ruhig, die schönen Ferienhäuser in Braderup. Dieses Haus gehört mir. Mir ganz allein! Da staunt ihr, was?

Plötzlich würde er doch gerne an der Reling eines Schiffes stehen und der Insel entgegenblicken, die Häuser zu sich heranwachsen sehen und beobachten, wie die Menschen Gestalt annehmen. Auf die Insel zufahren, statt sie sich stückweise präsentieren zu lassen, jedes Stück so groß und rechteckig wie die Windschutzscheibe seines Autos.

Paul konzentriert sich nun auf das Watt, blickt konsequent durch die Seitenscheibe. Der Insel wird er sich erst stellen, wenn er sie erreicht hat. Dieser Insel, die sein Leben verändert hat, dieser Insel, der er die Zähne zeigen wird. Ich kann auch anders, Sylt! Die Zeit der Abrechnung ist gekommen. Wirst dich wundern. Ihr alle werdet euch wundern.

Das seichte Wasser, das auf dem Wattboden steht, hat die gleiche Farbe wie der Himmel. Es ist, als flösse er ins Wattenmeer oder als stiege das Meer in den Himmel auf. Gewaltig ist das Bild, das der Zug durchschneidet, so riesig, dass sich in Paul zwei Empfindungen umkreisen und belauern. Freiheit ist die eine, Verlorenheit die andere. Klein fühlt er sich angesichts dieser Dimension, aber auch groß als ein Teil von ihr. Und nur daran will er denken! Nie wieder wird er sich klein machen lassen. Hat er das nötig? Nein, hat er nicht!

Als Sechzehnjähriger hat er nichts von den Dimensionen gespürt. Er war mit seiner Clique nach Sylt gefahren, um etwas zu erleben. Und vor allem deshalb war er nach Sylt gefahren, weil auch Sophia mitkommen wollte. Sophia mit den großen grauen Augen und dem frechen Pferdeschwanz. Wenn sie verlegen war, griff sie sich an den Hinterkopf und korrigierte den Sitz ihres Haargummis; wenn sie lachte, schlug sie die Hand vor den Mund, als schämte sie sich der Lücke zwischen ihren Vorderzähnen. Paul fand diese Lücke wunderhübsch. Als sie nach Sylt aufbrachen, trug sie eine himmelblaue Hose, auf die sie Hippie-Blüten gemalt hatte, und einen sehr knappen Pulli, der erst nach der Abreise unter einer weiten Jacke zum Vorschein kam. Sophias Eltern waren wahrscheinlich schon an der engen Hose ihrer Tochter verzweifelt, der Pulli hätte womöglich zu einer Stornierung der Reise geführt.

Sie hatten das Abteil verlassen und waren auf den Gang hinausgetreten. »Mal eben eine Fluppe rauchen.«

Solche Sätze tun gut, wenn man sechzehn ist. Vor vierzig Jahren erst recht, als es noch viel länger dauerte, erwachsen zu werden, und es viel wichtiger war, als erwachsen zu gelten. Wenn man sich ans offene Fenster eines Zuges stellte und eine Fluppe rauchte, dann war man erwachsen, ganz klar, auch wenn man wie Paul keine Nietenhosen besaß, sondern in der Cordhose des älteren Bruders nach Sylt fuhr. Werner war sogar in einer rotkarierten Glockenhose zum Bahnhof gekommen und von allen beneidet worden. Werner musste sehr liberale Eltern haben, wenn sie ihren Sohn in Glockenhosen herumlaufen ließen. Vor allem die Väter hielten ihre Söhne für unmännlich, die diese bunten weiten Hosen trugen. Aber vermutlich waren Werners Eltern gar nicht liberal, sondern einfach nicht gefragt worden. Wer sich die Meinungen seiner Eltern anhörte, war ja schon hoffnungslos bürgerlich. Und bürgerlich genannt zu werden, war eine richtige Schande.

Die letzte Klassenfahrt hatte nach London geführt, und in der Carnaby Street war viel Taschengeld auf den Kopf gehauen worden. Paul war schon froh gewesen, dass er überhaupt mitkommen konnte. Neidlos hatte er zusehen können, wie die anderen sich dort als Hippies verkleideten, sich mit Parkas eindeckten, an die sie Hammer-und-Sichel-Buttons steckten, und mit Blumen bemalte T-Shirts kauften. Das Einzige, was Paul sich leisten konnte, waren lange Haare. Und er war entschlossen, sich einen richtigen Wolf-Biermann-Schnauzer wachsen zu lassen, wenn er sicher sein konnte, dass daraus mehr wurde als ein dünnes Oberlippen-Bärtchen. Aber Paul litt nicht unter seinen beschränkten finanziellen Möglichkeiten. Was seine Klassenkameraden so wichtig fanden, interessierte ihn sowieso nicht. Er stimmte zwar ein, wenn sie schrien »Bürger, kommt auf den Balkon, unterstützt den Vietcong!«, aber im Grunde wollte er nichts mit diesem lauten Protest zu tun haben. Paul war ein Mensch der leisen Töne, und er misstraute dem Geschrei der Freunde, die plötzlich Klassenkämpfer heißen wollten. Eigentlich wollten sie damit ja auch nur erwachsen werden, so wie Paul mit der Fluppe.

»Ich habe ein Geschenk für dich«, sagte er, als er endlich eine lässige Haltung gefunden hatte, den rechten Ellbogen auf die obere Kante des zur Hälfte heruntergelassenen Fensters gelehnt, in der linken Hand die Zigarette.

Es gefiel ihm, dass Sophia rot wurde, das machte seine eigene Verlegenheit erträglicher. »Du sollst kein Geld für mich ausgeben«, sagte sie und pustete den Zigarettenrauch von sich, ohne ihn inhaliert zu haben. »Ich weiß doch, dass du Zeitungen austragen musstest für die Fahrt nach Sylt.«

Paul schüttelte den Kopf. »Es hat nichts gekostet.«

Sophia sah ihn erstaunt an. »Du hast etwas gebastelt?«

Paul lachte. »So ähnlich.«

»Wann gibst du es mir?«

»Wenn wir allein sind.«

Er konnte ihren großen fragenden Augen nicht standhalten, drehte sich zum Fenster und sah hinaus. Wie hatte das Watt damals ausgesehen? War Ebbe oder Flut gewesen? Hatten die Muscheln unter der Sonne geglitzert, die Wattwürmer ihre Spiralen in den Schlick gedreht? Oder hatte sich bereits dieser glatte See gebildet, der sich jetzt vor seinen Augen ausbreitet? Paul kann sich nicht erinnern. Er hat ja nur aus dem Fenster geblickt, um Sophia nicht ansehen zu müssen. Nun war es heraus! Er hatte ihr gesagt, was er schon lange sagen wollte, hatte den ersten Schritt getan, auf den der nächste folgen musste. Es gab kein Zurück mehr, und das war gut so. Endlich würde er den Mut haben, ihr sein Geschenk zu präsentieren.

»Irgendwann werden wir ja mal allein sein können«, fügte er an und schnippte die Zigarette aus dem Fenster. Das hatte er oft geübt, und diesmal gelang es ihm richtig gut. Er nahm Sophia, die sich nach einem Aschenbecher umsah, die Zigarette ab und schnippte sie ebenfalls aus dem Fenster. Auch diesmal gelang es ihm hervorragend.

»Lass dich überraschen«, sagte er und wusste, dass es unglaublich lässig klang. Cool, würde man heute sagen, aber damals gab es dieses Wort nur im Englischunterricht. Nein, Paul war lässig, als er Sophia zurück ins Abteil schob. Er schaffte es sogar, Uschis Blick zu erwidern, ohne etwas zu sagen, was sich wie eine Entschuldigung angehört hätte.

Uschi schien zu spüren, dass Paul und Sophia durch eine Erwartung miteinander verbunden wurden. Soll sie doch, dachte Paul, sie kann nichts von mir verlangen, nur weil ich einmal schwach geworden bin. Trotzdem ärgerte er sich jetzt, dass er ihr ein Geheimnis verraten hatte: Die Beatles interessierten ihn nicht sonderlich und Bob Dylan auch nicht. Aus Sport machte er sich nicht viel, obwohl alle anderen es glaubten, weil er gut schwimmen konnte und sogar Rettungsschwimmer geworden war. Nein, dass Uschi wusste, womit er sich am liebsten beschäftigte, gab ihr nicht das Recht, danach zu greifen. Hatte sie ihm etwas vorgesungen, als sie behauptete, die Texte aller Lieder von Esther und Abi Ofarim zu kennen? Na also!

Paul ließ sich in seinen Sitz fallen und zwinkerte Sophia zu, ohne sich darum zu kümmern, dass Uschi die Lippen aufeinander presste und aus dem Fenster starrte. Dann sah er Werner triumphierend an. Von wegen, Mädchen freuen sich über Kinokarten, Hippie-Blütenkränze oder Schallplatten! Einfallslos, solche Geschenke! Langweilig und banal! Was er Sophia schenken würde, war etwas ganz Besonderes, etwas, was sie niemals von einem anderen bekommen hatte. Danach würde er sie küssen dürfen, ganz sicher. Und dann würde er sie fragen, ob sie mit ihm gehen wolle. Paul lächelte Sophia an, als hätte sie bereits ja gesagt. Und sie lächelte zurück, als hätte er sie längst gefragt. Es war nicht mehr wichtig, dass er sich derart lässig in den Sitz geworfen und derart lässig die Beine von sich gestreckt hatte, dass er in den Gang rutschte, als Bärbel nach ihrer Tasche griff und damit seinen Füßen den Widerstand nahm. Seine Freunde lachten, wie sie immer lachten, wenn Paul mal wieder Opfer seiner eigenen Gliedmaße geworden war. Längst nicht mehr hämisch oder schadenfroh, sondern gutmütig und nachsichtig. Paul ließ sich von ihnen in die Höhe ziehen und sah in Sophias lachendes Gesicht. Ja, es würde ihr gefallen, dass er nicht zu denen gehörte, die Kinokarten und Schallplatten verschenkten.

Sind alle Fenster geschlossen? Alle Türen? Früher hat Georg darauf geachtet. Ich habe nie Angst gehabt vor Einbrechern und Dieben. In Braderup ist alles so friedlich, ruhiger als in Westerland und nicht so prahlerisch wie in Kampen. Ich habe mich hier immer sicher gefühlt. Hat Georg etwa einen Teil meiner Sorglosigkeit mitgenommen? Muss wohl so sein. Warum sonst drücke ich jede Klinke herab, ehe ich sicher sein kann, dass mein Haus gut verschlossen ist? Meine Sicherheit ein Teil des Zugewinns? Unglaublich, wie wenig einem nach dreißig Jahren Ehe ganz allein gehört. Darüber darf ich mit Elena nicht reden. Sie würde mir nur ein weiteres Mal vorhalten, dass ich viel zu wenig für mein Glück getan habe. Elena hat drei Ehen hinter sich und ist mit jeder Scheidung ein Stück vermögender geworden. Ich bin zufrieden, dass mir wenigstens dieses Haus in Braderup ganz allein gehört.

Der Nachbar weiß es, trotzdem fragt er: »Wie geht's Ihrem Mann? Hat er in diesem Jahr keine Zeit für Urlaub?«

Bevor die Affäre aufflog, hat Georg in dem Haus, das jetzt mir allein gehört, häufig ein paar Tage mit seiner Sekretärin verbracht. Angeblich war er mit ihr auf Geschäftsreise, manchmal in München, oft auch in Berlin. Jeden Abend rief Georg mich an und erzählte mir mit müder Stimme, wie anstrengend die Verhandlungen gewesen waren und wie triste der Abend sein würde, der vor ihm lag. Aber dann habe ich einmal eine Möwe kreischen hören, während ich mit ihm telefonierte. Eine Möwe in Berlin? Das war der Tag, an dem mein Misstrauen geweckt wurde. Natürlich habe ich gleich Elena davon erzählt, und die hat mich mit einem Privatdetektiv bekannt gemacht. Ihm hat sie ein gutes Stück ihres Vermögens zu verdanken. Ein guter Detektiv findet anscheinend im Leben eines jeden Menschen eine finstere Ecke, in der etwas geschieht, was niemand wissen soll. Ich bin froh, dass ich nicht in die Versuchung gekommen bin, es genauso zu machen wie Elena. Denn was ein Detektiv hätte herausfinden können, hat Georg mir alles freiwillig gestanden. Damals entdeckte ich zum ersten Mal, dass mein Leben Ähnlichkeit mit einem Groschenroman hat.

»Wir haben uns auseinander gelebt«, sagte Georg und schien nicht zu bemerken, wie billig sein Redestil war. Sich auseinander zu leben, das ist wirklich der trivialste aller Scheidungsgründe.

Johnny Gefron, mein Nachbar, wusste damals vermutlich längst, was gespielt wurde. Wahrscheinlich weiß er sogar, dass Georg jetzt Schorsch heißt. Und er hat auch mitbekommen, dass ich neue Betten gekauft und die alten rausgeworfen habe. Johnny, der eigentlich Johannes heißt, ist nichts Menschliches fremd, er kennt sich in den Geschichten anderer Leute aus. Schließlich ist er mit einer Verlegerin verheiratet, die mit Geschichten ihr Geld verdient. Sie hat ihn zum Cheflektor für den Bereich Science-Fiction und Fantasy gemacht. Wahrscheinlich, weil er dort am wenigsten Unheil anrichten kann.

Georg kannte seinen Werdegang. Als Johannes Mende

arbeitete Johnny Gefron bei der Post und nutzte seine Chance, als die frisch gebackene Verlegerin Tonia Gefron eine besonders eilige Sendung aufgab, zu der Johannes' Kollegen nur die Schultern zuckten. »Vielleicht kommt's morgen an, vielleicht auch nicht. Sendung per Eilboten? Das macht die Sache auch nicht schneller.« Man kennt das ja.

Was Johannes getan hat, damit die Sendung tatsächlich pünktlich ankam, wusste Georg nicht. Aber es muss Tonia Gefron beeindruckt haben. Denn es dauerte nicht lange, und aus Johannes wurde Johnny. Da der Gefron-Verlag sich gerade einen Namen machte, änderte Johannes zu seinem Vor- auch den Nachnamen und hieß seitdem Gefron wie seine Frau. Als Tonia dann David Davidson entdeckte und ihn zum Bestsellerautor machte, konnte Johnny nicht mehr bei der Post arbeiten. Wie sah denn das aus? Er wechselte also in den Verlag, erhielt eine leitende Funktion und ein paar tüchtige Mitarbeiter, die unauffällig alle Schäden beseitigten, die Johnny anrichtete. Seit die Gefrons sich das Haus in Braderup leisten können, wird Johnny immer öfter von seiner Frau zur Erholung nach Sylt geschickt, damit seine Mitarbeiter Gelegenheit haben, die Abteilung Science-Fiction wieder auf Vordermann zu bringen.

Johnny Gefron hat anscheinend keine Ahnung, dass ich eine Menge über ihn weiß, sonst würde er mich nicht behandeln wie ein dummes Frauchen. Vielleicht sollte ich endlich auf jede Höflichkeit pfeifen und ihn behandeln wie ein dummes Männchen?

»Wo mein Mann Urlaub macht, weiß ich nicht. Jedenfalls nicht hier! Nicht in meinem Haus!«

Wenn er jetzt nicht den Mund hält, erzähle ich ihm, was ich von seinem Toupet halte.

»Keine Zeit? Ja, so geht es uns Männern. Arbeit, Arbeit, damit unsere Frauen Urlaub machen können.« Er lacht.

Ich könnte ihn erwürgen. Aber was ich von seinem Toupet halte, bleibt dann doch ungesagt. Bei nächster Gelegenheit werde ich es ihm vom Kopf fegen. Jawohl! Und am Ellenbogen sollte er mir nicht noch einmal begegnen. Beim ersten Mal hat Georg mir verboten, über das zu lachen, was Gefron derart stolz der Sonne und der Mitwelt entgegenreckte, dass er einen schmerzhaften Sonnenbrand davontrug. Ich hatte mir, weil Georg mich hinderte, auch kein Wort entschlüpfen lassen, als der Nachbar tagelang in einem locker gegürteten Bademantel im Garten herumlief und auf den Besuch am Strand verzichtete. Beim nächsten Mal wird Georg mich nicht hindern.

Im Hintergrund taucht plötzlich ein Mann auf, ein gut aussehender Mann, das ist sogar auf die Entfernung leicht zu erkennen. Die Grundstücke sind groß in Braderup, ich habe Zeit, ihn auf mich zukommen zu lassen. Hoch gewachsen ist er, schlank, dunkelhaarig, etwa in meinem Alter. Seine Hände stecken in den Taschen seiner weißen Hose. Er schlendert auf Johnny Gefrons Rücken zu und hat mich dabei fest im Auge.

Gefron dreht sich nicht um, als er ihn herankommen fühlt. Er macht uns bekannt, als wäre keiner von uns beiden würdig, dem anderen vorgestellt zu werden. »Das ist Raffael Sielmann, Sie kennen ihn sicherlich.«

Dass ich ihn nicht kenne, sieht Raffael Sielmann sofort.

»Machen Sie sich nichts draus. Sie lesen vermutlich keine Zukunftsromane.«

Er lächelt mich an, als ginge er davon aus, dass sich das in den nächsten Tagen ändern wird. Und er hat recht. So bald wie möglich werde ich in die Badebuchhandlung gehen und mir einen Roman von Sielmann kaufen, obwohl ich tatsächlich nie Zukunftsromane lese.

»Raffael wird eine Weile hier arbeiten«, erklärt Johnny Gefron. »Er braucht Ruhe. Hier ist er ja ungestört.« Über sein Gesicht geht dieses Grinsen, das seinen meist schlüpfrigen Witzen vorauseilt. »Vorausgesetzt, Sie lassen ihn in Ruhe. Ha, ha!«

Dass er mir zutraut, mich an einen Mann heranzumachen, der ungestört arbeiten will, geht ja gerade noch an. Aber dass er lacht, als hätte er einen guten Witz gemacht, erbittert mich. Wenn ich Johnny Gefron – und damit leider auch Raffael Sielmann – nicht augenblicklich den Rücken zukehre, kann ich für nichts garantieren.

»Ich fahre jetzt zum Strand. Schönen Tag noch!«

Meine Badetasche ist leicht, viel leichter als früher. Habe ich wirklich an alles gedacht? Ja, es fehlt nichts. Die dicken historischen Romane, die Georg am Strand zu lesen pflegte, damit er stundenlang nicht ansprechbar sein konnte, hatten eben ihr Gewicht. Liegetuch und Sonnenmilch, mehr brauche ich nicht. Vielleicht noch ein Schmöker meines Lieblingsautors? Ich entscheide mich für eine seiner Kurzgeschichtensammlungen. David Davidson wird oft der Meister des kleinen Liebesromans genannt, seine Kurzgeschichten berühren mich noch mehr als seine großen Romane. Wenn ich sie lese, fühle ich mich zu Hause. Zu Hause? Ich weiß nicht, wie ich es besser erklären soll. Ja, wenn ich David Davidson lese, fühle ich mich zu Hause.

Habe ich wirklich abgeschlossen? Alle Fenster und Türen verriegelt? Besser, ich sehe noch mal nach.

»Grüßen Sie Ihren Mann«, ruft Johnny Gefron mir nach. »Er soll mich bei Gelegenheit anrufen. Das letzte Mal hat er von einem Porsche gesprochen. Ich kann ihm einen besorgen. Ein Schnäppchen!«

Ja, alle Fenster und Türen sind gut verschlossen. Und antworten muss ich nicht. Was geht es mich an, dass Georg der zwanzig Jahre jüngeren Frau mit einem Porsche imponieren will? Wenn ihm das wichtig ist, dann soll er gefälligst dafür bezahlen. Ein Schnäppchen ist das Letzte, wozu ich ihm verhelfen werde.

2.

Es dauerte nicht lange, da waren sie allein. Die anderen wollten nach der Ankunft in der Jugendherberge zum Strand laufen, um zu baden, auch Uschi. Und Paul war dankbar, als Sophia sagte: »Ich möchte lieber erst auspacken. Das Meer ist auch morgen noch da.«

Er konnte an ihrem Gesicht ablesen, dass sie an das Geschenk dachte. Sie war gespannt, freute sich darauf. Und sie nickte mit leuchtenden Augen, als er sie bat, im Garten zu warten. »Ich werde es holen. Bin gleich zurück.«

In dem Schlafraum, den er sich mit Rolf und Werner

teilte, zog er das Blatt Papier aus seiner Reisetasche – und verlor prompt einen Teil seiner Zuversicht. Die Plastikhülle, die das Blatt schützen sollte, hatte nicht viel bewirkt. Das Blatt, das er herauszog, war gemasert von vielen Knicken und Falten. Paul dachte daran, dass Werner auf der Tasche gesessen hatte, während sie auf den Zug warteten, und dass sie, als Paul sie schwungvoll und äußerst lässig ins Gepäcknetz werfen wollte, einen Salto gemacht hatte, der sie auf den Schoß eines Sitznachbarn beförderte. Der war sehr ärgerlich gewesen und hatte die Tasche mit beiden Fäusten zusammengedrückt und sie Paul an die Brust geworfen.

Paul strich über das Blatt, um es zu glätten, aber das machte die Sache nicht besser. Er hätte sich vorher die Hände waschen sollen. Nein, er konnte sich nichts mehr vormachen. Aus der Kostbarkeit war plötzlich etwas Fadenscheiniges geworden.

Winzige Augenblicke der Angst durchlebte er, während er das Blatt Papier zwischen seinen Fingerspitzen drehte. Unmöglich, es Sophia als Geschenk zu überreichen! Plötzlich wog auch die Frage, ob man »Leib« mit ei oder ai schrieb, viel schwerer. Nein, er musste es anders anstellen. Er wollte ihr das Gedicht nicht geben, sondern es ihr vorlesen. Nur ... was sollte er tun, wenn sie ihn anschließend bat: »Gib es mir, damit ich es vor dem Einschlafen noch einmal lesen kann.« Heimlich ergänzte Paul: und nach dem Aufwachen, auf der Rückreise, unter der Schulbank und während der Mahlzeiten.

Sie würde es ihren Freundinnen zeigen und ihren Eltern und Geschwistern. »Schaut mal, dieses Gedicht hat Paul geschrieben! Nur für mich! Wie findet ihr das?«

Alle würden das Blatt ansehen und über seine Rechtschreibfehler lachen oder über die grauen Äderungen, die von allen vier Ecken das Blatt verunstalteten. Das alles würde am Ende wichtiger geworden sein als das, was er Sophia zu sagen hatte.

»Ich werde das Gedicht noch einmal sauber für dich abschreiben«, würde er ihr antworten und sich vorher irgendwo erkundigen, wie man »Leib« schrieb.

»Was ich dir sagen will …«, begann er eine halbe Stunde später und sah in ihre großen grauen Augen.

Sophia starrte auf das Blatt Papier. Sah sie, dass seine Hände zitterten?

Sie saß in einem der Strandkörbe, die es im Garten der Jugendherberge gab, er hockte vor ihr im Gras. Sie die Königin, er ihr Hofnarr, der sie mit seinem Geschenk unterhalten wollte. So jedenfalls kam es ihm plötzlich vor. Ob sie das Pflaster störte, das auf seiner Stirn prangte? Eine dumme Angewohnheit von ihm, Schranktüren zu öffnen und nicht wieder zu schließen! In diesem Fall ganz besonders, weil der Schlüssel, der im Schloss der Schranktür steckte, viereckig war und jede der vier Ecken zu spitz für einen aufgeregten Jungen, der schon bei geringeren Gemütsaufwallungen die Körperbeherrschung verlor.

Ob er seine Situation verbesserte, wenn er aufstand? Aber er wollte genauso wenig auf sie hinabblicken. Und sich zu ihr in den Strandkorb setzen wollte er auch nicht. Was er ihr zu sagen hatte, brauchte Platz. Ein bis zwei Meter mindestens.

»Was ich dir sagen will …«, begann er noch einmal.

Jetzt schien sie zu begreifen, dass er nicht mit ihr redete, sondern ihr etwas vorlas. Sie zupfte den Saum ihres hellblauen Minirocks zurecht und richtete sich auf. So hatte er sie auch sitzen sehen, als sie gemeinsam zur Konfirmation gegangen waren. Sehr aufrecht, die Füße nebeneinander gestellt, den kurzen Rock so weit wie möglich zu den Knien gezogen. Die kleinen Spitzen der Angst, die aus seinem Verlangen stachen, wurden flacher und runder. Und er selbst wurde ruhiger. Der Augenblick, den er sich ausgemalt hatte, schien genauso feierlich zu werden, wie er gehofft hatte.

»Was ich dir sagen will ...« Nur nicht die Stimme senken! Die Überschrift musste sich an die erste Zeile schmiegen. »... das klopft mein Herz, das atmet mein Mund ...«

»Wollt ihr am Grillabend teilnehmen?«, fuhr da eine Stimme aus einem der Fenster. »Ihr müsst euch bis sieben entscheiden, danach könnt ihr nur noch Butterbrote bekommen.«

Paul drehte sich nicht um, sah nur in Sophias Gesicht. Sie schüttelte so jäh den Kopf, als wollte sie eigentlich nicken.

»Fragt eure Freunde! Und sagt mir dann möglichst schnell Bescheid!«

Ob dem Herbergsvater klar war, was er anrichtete? Ein grober Klotz, der eine Gedichtzeile zerschnitt wie eine Grillwurst. Dass es in diesem Fall nicht reichte, die beiden Teile aneinander zu schieben und den Schnitt mit Zigeunersauce zu übergießen, um wieder etwas Ganzes vor sich zu haben, darüber machte er sich keine Gedanken.

»... das klopft mein Herz, das atmet mein Mund. Es schmiegt sich in die Wölbung deines Leibes ...«

»Das Wasser ist super! Nicht zu kalt, nicht zu warm, genau richtig!«

Als er Uschis Stimme erkannte, wusste er, dass alles vorbei war. Das Gedicht war nicht mehr zu retten. Sein Geschenk wurde für Sophia zu etwas, was Omas handgeknüpfter Teppich für seine Mutter gewesen war. Peinlich! Rolf und Werner hätten vielleicht gemerkt, dass sie störten, und sich zurückgezogen, Bärbel und Elena hätten sich so lange die Füße abgetrocknet, bis Pauls Stimme wieder die alte gewesen wäre und Sophias Miene die feierliche Erwartung verloren hatte. Aber nicht Uschi. Sie fragte zwar: »Störe ich?«, wartete aber nicht auf eine Antwort. Und als sie in die Küche lief, um sich etwas zu trinken zu holen, war sie schon zu lange da gewesen. Und vor allem: Sophia hatte bereits das erste Mal gekichert. In ihr Gesicht war dunkelrote Verlegenheit gestiegen, Verunsicherung war dazugekommen, als Uschi mit ihren flinken Augen der Situation auf den Grund ging. Und schließlich erschien sogar Ablehnung in ihrer Miene. Am Ende konnte Paul das eine nicht mehr vom anderen unterscheiden. Als Sophia zum zweiten Mal kicherte, musste er einsehen, dass sie sein Geschenk nicht mehr wollte. Sie kicherte erneut, als Uschi mit einer Flasche Regina aus der Küche kam, und kicherte in einem fort, als auch die anderen vom Strand zurückkehrten. Wenn Mädchen kicherten, konnte alles mögliche dahinter stecken, Zustimmung, Scheu, Zurückweisung oder noch vieles mehr, was meistens nur Mädchen verstanden. Aber als Sophia es zuließ, dass Uschi sich des Gedichtes bemächtigte, wusste Paul, was er von ihrem Gekicher zu halten hatte. Dass er gerade in dem Augenblick, in dem Uschi ihm das Blatt aus der Hand nahm, heftig niesen und dann auch noch feststellen musste, dass er kein Taschentuch dabei hatte, war auch schon egal. Und dass Sophia noch schriller kicherte, als er den Ärmel seines Hemdes benutzte, darauf kam es ebenfalls nicht mehr an.

Er hatte sie aufwühlen wollen, wie er selbst von Wolf Biermann aufgewühlt worden war. Nicht, dass er sich mit Wolf Biermann vergleichen wollte! Höchstens ganz leise, unhörbar, tief in sich drin. Er wollte mit seinem Gedicht nicht kritisieren, glossieren, enthüllen oder mahnen. Er wollte sich ausdrücken auf eine ganz besondere Weise, wollte Sophia mit schönen Worten bewegen und ihr Herz angreifen.

»Warte nicht auf bessere Zeiten, warte nicht mit deinem Mut ...«, so hatte Wolf Biermann gesungen. Und Paul wollte es so halten wie er. Nicht warten, sondern den Mut haben zu handeln. Sophia nicht zeigen, was sie ihm bedeutete, sondern es ihr sagen. Aber nicht mit seinen Worten, nein. Mit den Worten der Poesie wollte er es ausdrücken, mit Worten, die sie nie vergessen, die niemals ein anderer für sie finden würde.

Trotzdem endete das, was er Sophia sagen wollte, eine Stunde später auf dem Holzkohlengrill, wurde mit Ketchup und Senf bekleckert und schließlich mit billigem Dosenbier heruntergespült. Dass es gelungen war, dieses Bier in die Jugendherberge zu schmuggeln, war wichtiger geworden als das, was Paul Sophia sagen wollte. Und die Frage, wer am meisten von dem Bier vertrug, wurde zum Allerwichtigsten.

Am Ende war es Sophia, die am wenigsten vertrug, der schon schlecht wurde, bevor Uschi sich an Paul heranmachte. Der Mut, um den er lange ringen musste, auf den er nicht warten wollte, hatte sich nicht bezahlt gemacht.

»Gebt unserem Dichter noch ein Extrabier«, grölte Werner.

»Wenn du wenigstens was Sozialkritisches schreiben würdest«, nörgelte Rolf.

»Antikriegstexte oder so was«, ergänzte Elena.

Und sogar Bärbel, deren Vater Lehrer war und die damit einen denkbar schlechten Hintergrund für das Aufbegehren gegen die etablierte Gesellschaft bot, sagte: »Liebesgedichte sind kleinbürgerlich, regelrecht spießig.«

Spießig und bürgerlich, diese Begriffe waren soeben zu schlimmen Schimpfwörtern geworden. Kleinbürgerlich war das Allerschlimmste. Damals gehörten sie dazu, zu den kleinbürgerlichen Spießern, die ganze Clique, aber niemand wollte es sehen, und jeder bildete sich ein, schon zur Revolution zu gehören, wenn er die Haare lang trug und sich nur noch selten wusch. Und wohl dem, der einen echten Arbeiter im Stammbaum hatte! Am besten der Vater. Darin war Paul zum Glück allen anderen voraus.

Nur Sophia und Uschi schwiegen. Sophia, die gelegentlich über Rassendiskriminierung lamentierte, trug diesmal nichts zu der Debatte bei, und Uschi, die sich gern über Klassenunterschiede ereiferte, blieb ebenfalls still. Damals wusste Paul nicht aus welchem Grund.

Warum hatte er nicht geschafft, was Wolf Biermann gelungen war? Mit Scharfsinn, Wortgewalt und Poesie alles andere zum Schweigen zu bringen! Biermann hätte sich nicht übertönen lassen von der Frage, wie viele Grillwürste jedem zustanden, er hätte sich behauptet und hätte wiederholt, was er zu sagen hatte. So lange, bis man ihm zugehört und ihn ernst genommen hätte. Wolf Biermann hätte sich auch nicht auslachen lassen. Er hätte weiter gesungen, weil er wusste, dass er recht hatte. Paul fand auch, dass er recht hatte, aber er schaffte es trotzdem nicht, sein Gedicht zu verteidigen. Er musste es billigen Grillwürsten und warmem Dosenbier opfern.

Damals war wohl die Angst entstanden, unter der er vierzig Jahre später noch litt. Die Angst, etwas Wichtiges zu sagen, was in dem Augenblick, in dem er es sagte, seine Bedeutung verlor. Was in seinem Kopf war, was er zu Papier brachte, hatte Gewicht. Aber wenn er es aussprach, wurde es verramscht. Diese Überzeugung hat sich vor vierzig Jahren in ihm festgesetzt und ihn nie wieder verlassen.

Trotzdem hat er sich für Sylt entschieden. Ausgerechnet für Sylt!

Was für ein Sommertag! Still und bewegungslos steht er über Braderup. Bei dieser Hitze ist es hier noch ruhiger als sonst. Sonne erzeugt Stille, das ist überall so, auch hier auf Sylt. Wer die Hitze liebt, ist längst zum Strand gefahren, wer den Schatten sucht, liegt im Garten hinter seinem Haus und achtet darauf, sich möglichst wenig zu bewegen. Die Hitze hat die Insel gelähmt, sogar den Wind. Kein Luftzug auf Sylt! Habe ich das jemals erlebt? Nur, wenn ich mich neben meinen Wagen stelle, mich hoch aufrichte, die Arme ein wenig vom Körper spreize und mich auf das konzentriere, was vom Meer kommt, spüre ich ganz schwach einen kühlen Hauch. Es wird Zeit, zur anderen Seite der Insel zu fahren. Der Westwind ist, da er übers Meer kommt, auch im Hochsommer erfrischend, selbst dann, wenn er kaum zu spüren ist.

Also los, die Badetasche auf den Rücksitz, die Sonnenbrille auf die Nase und die Kappe mit dem großen Schirm auf den Kopf! Es ist die dritte, die ich mir in diesem Sommer gekauft habe, die beiden anderen sind mir davongeflogen.

Georg hätte gesagt: »Da siehst du, wie unpraktisch ein Cabrio ist.«

Georg schätzte geschlossene Fenster und eine gut funktionierende Klimaanlage. Wahrscheinlich habe ich mir deshalb schon am Tag nach der Scheidung ein Cabrio gekauft. Die Abfindung, die Georg mir zahlen musste, war ja nicht von Pappe.

Elena war zwar in diesem Punkt anderer Meinung, aber auch sie riet mir, mich für ein Cabrio zu entscheiden. »Du fängst jetzt ein neues Leben an. Also musst du alles anders machen. Und da Georg dir nie ein Cabrio kaufen wollte, muss jetzt eins her, das ist doch klar!«

Es kam mir vor, als wäre sie drauf und dran, wie vor vierzig Jahren »Ab mit den alten Zöpfen!« zu rufen. »Schluss mit der Lustfeindlichkeit! Wer zweimal mit demselben pennt, gehört schon zum Establishment!«

Dabei war Elena damals die Erste, die schon Anfang der siebziger Jahre ihre Meinung änderte, als sie einen Mann heiratete, der ganz eindeutig zum Establishment gehörte.

»Autsch!« Man soll ein Cabrio mit schwarzen Ledersitzen nicht in der prallen Sonne stehen lassen. Erst recht nicht, wenn man kurze Shorts trägt. Ja, Georg, auch da hast du natürlich recht. Ein Cabrio ist wirklich unpraktisch. Aber ich werde mich auf dem Weg zum Ellenbogen trotzdem daran erfreuen, dass mir der Fahrtwind in den Ohren jault und jedes entgegenkommende Auto ihn mir ins Gesicht schlägt.

Habe ich alles abgeschlossen? Auch die Tür der Speisekammer, die in den Garten führt? Johnny Gefron grinst schon wieder herüber. Herablassend, überlegen. Nein, das Haus ist verschlossen, ganz sicher. Nur keine Schwäche zeigen! Dem Nachbarn nichts anbieten, was ihn ermuntern könnte zu fragen: »Kommen Sie klar, so ganz allein?«

Ob Georg ihn früher gebeten hat, mir nichts von seinen heimlichen Besuchen in Braderup zu erzählen? Ich sehe ihn vor mir, wie er die junge Frau zu sich heranzieht, ihr einen Klaps gibt und damit das vollste Verständnis Johnny Gefrons erringt. »Wir Männer müssen zusammenhalten!«

Vermutlich fiel auch noch der Satz: »Eine Hand wäscht die andere.« Georg hat sicherlich gern versprochen, genauso verschwiegen zu sein, wenn Johnny Gefron ein paar unbeschwerte Tage mit einer Geliebten in Braderup verbringen wollte.

Vielleicht will Gefron deswegen nicht zur Kenntnis nehmen, dass das Ferienhaus in Braderup jetzt mir allein gehört. Damit ich nicht merke, dass er das alles hat kommen sehen. Der Gedanke, dass dieser Toupet-Träger mal Georgs Komplize war, setzt mir wirklich zu! Und an das, was er Raffael Sielmann erzählen wird, darf ich gar nicht denken. Wahrscheinlich … nein, ich werde mir nicht ausmalen, wie Johnny Gefron über eine Frau redet, die wegen einer Jüngeren von ihrem Mann verlassen wurde!

Ich werde Elena nichts von Gefrons Herablassung erzählen. Sie hat ja angekündigt, mich nun öfter als sonst nach Sylt zu begleiten. Georg schätzte die Besuche meiner Freundin nicht besonders, aber mit der Rücksicht auf seine Befindlichkeiten ist es ja nun vorbei. Trotzdem möchte ich nicht, dass Elena dem Nachbarn sagt, was sie von ihm hält. Zuzutrauen ist es ihr. Es reicht mir, mir vorzustellen, was ich ihm sagen könnte, wenn ich den Mut dazu hätte.

Auf dem Weg nach Kampen kommen mir zwei Autos entgegen, ein Taxi und ein Lieferwagen. Der Korso der Touristen wird erst am späten Abend beginnen. In der Tür der Otto-Kern-Boutique lehnt eine gelangweilte Verkäuferin, vor Donna & Lottchen steht ein Mann mit einem Gummitier unter dem Arm. Er sieht so aus, als wartete er auf seine Frau, die dem Töchterchen, bevor es zum Strand geht, ein Sonnenhütchen in der Farbe des neuen Bikinis kauft. Auf dem Parkplatz vor der Vogelkoje stehen erstaunlich viele Autos. Vermutlich ein Verein von Hobby-Biologen. In der Vogelkoje werden ja schon lange keine Vögel mehr gefangen, aber eine Vielzahl von Sträuchern und Bäumen, die man sonst auf der waldarmen Insel nicht zu sehen bekommt, gibt es dort. Eine Wanderung in ihrem Schatten! Vielleicht keine schlechte Idee.

Am Bildsel-Abzweiger geht's von der L 24 auf die Straße, die zum Ellenbogen führt. Eine schreckliche Piste! Kein

Wunder, dass Georg sie nie fahren wollte. Ein hässliches graues Band aus Betonplatten, das durchs Listland führt, ein Relikt aus dem zweiten Weltkrieg, durchlöchert, ausgefranst, abgenutzt. Aufgeplatzte Nähte verbinden die Betonplatten, aus denen das Unkraut wuchert. Also runter vom Gas! Das ist sowieso vernünftig, denn die Landschaft, durch die ich jetzt rumple, ist zu schön, um sie vorbeirauschen zu lassen.

Georg hat seinem Wagen niemals diese Strapaze zugemutet. Er blieb stets auf der L 24, fuhr gen Osten bis nach List und bog dort links in die Dünenstraße ein, die in einem großen Bogen, vorbei am Lister Koog, zum Weststrand und dann gen Norden zum Ellenbogen führt. Seit wir das Haus in Braderup haben, baden wir am Ellenbogen. Wir haben nie ein Wort darüber verloren. So, wie Georg niemals auf dieser Betonstraße gefahren wäre, so hätte er niemals einen anderen Strandabschnitt angesteuert. Und ich? Eigentlich war es mir egal, wo wir badeten, ich bin Georg immer gefolgt. Aber nun beginne ich ein neues Leben. Mir gehört ein Haus, und ein neues Cabrio gehört mir auch. Ich rumple über eine Betonpiste und fahre ... nein, nicht zum Ellenbogen. Sylt ist groß und hat noch andere herrliche Strände.

Da vorn! Keine hundert Meter weiter! Ein kleiner Parkplatz und ein Schild: Strandsauna! FKK-Strand!

Warum ich davor stehe und das Schild anstarre? Keine Ahnung, ich kann den Blick einfach nicht davon lösen. Dieses Schild berührt etwas in mir. Ganz tief drinnen. Wahrscheinlich, weil ich mich noch gut an die Zeit erinnern kann, in der die Abkürzung für Freikörperkultur einen negativen Klang hatte. Heute sind die Übergänge vom Textil- zum FKK-Strand Gott sei Dank fließend, früher waren es Grenzen, die Gutes von Schlechtem trennten, eine neue Freizügigkeit von alter Spießigkeit.

Dabei waren es gar nicht die Touristen, die das Nacktbaden nach Sylt getragen hatten. Die Sylter selbst waren die Ersten gewesen, die nackt ins Meer sprangen. Schon im 19. Jahrhundert wurde den Badenden aus gesundheitlichen Gründen empfohlen, auf Kleidung zu verzichten. Irgendein Westerländer Arzt soll behauptet haben, dass Kleidung die positive Wirkung des Wellenschlags auf den Körper unterbinde.

Aber vor vierzig Jahren wurde mancher, der nach Sylt reiste, schief angesehen. »Willst du etwa nackt baden?«

Sechzehn war ich, als ich das erste Mal mit der Clique nach Sylt fuhr. Auch meine Eltern sahen mich schief an. »Wollt ihr etwa nackt baden?«

Ich war sehr überzeugend, als ich diesen Verdacht weit von mir wies. Nackt baden war ja auch wirklich das Letzte, was ich wollte. Elena war immer schon anders als ich, sie nahm jede Herausforderung an. War sie es, die damals die Idee hatte, zum Nacktstrand zu fahren?

Grinse ich? Ja, wahrscheinlich sehe ich jetzt so aus, als machte mir der lange Weg durch die Dünen trotz der Hitze Spaß. Ja, er macht mir Spaß! Warum auch nicht? In meinem Kopf surrt eine Erinnerung, über die sich lachen lässt, unter meinen Füßen warmer Sand, über mir ein wolkenloser Himmel, auf meinem Gesicht die Sonne und leichtes

Gepäck auf meiner rechten Schulter. Ich kann langsam oder schnell laufen, niemand, der mich antreibt oder zurückhält. Und ich werde mir den Liegeplatz aussuchen, der mir gefällt.

Ich hätte den kleinen Sonnenschirm mitnehmen sollen, vielleicht auch die helle Wolldecke, von der sich der Sand so leicht abschütteln lässt. Badeschuhe wären auch nicht schlecht gewesen. Seit ich mir vor Jahren die Fußsohlen an einer Muschel aufgeritzt habe, trage ich immer Badeschuhe, wenn ich ins Wasser gehe. Aber früher hat eben Georg alles zum Strand geschleppt, was ich dort zur Hand haben wollte. Klaglos, das muss man ihm lassen, hat er sich alles aufgebuckelt. Aber wozu brauche ich einen Sonnenschirm? Ich will braun werden, egal, was die Dermatologen dazu sagen. Die Decke ist auch nicht wichtig, und wenn ich gut aufpasse, wird es auch ohne Badeschuhe gehen. Ohne Georg sowieso!

»So ist es recht«, würde Elena sagen, wenn sie wüsste, was ich denke.

Der Lister FKK-Strand und die Strandsauna! Es dämmert mir allmählich, welche Erinnerung in mir berührt worden ist. Gehe ich jetzt etwa denselben Weg, den ich vor vierzig Jahren mit den anderen gegangen bin? Schwer zu sagen. Die Wege von den Parkplätzen zum Strand unterscheiden sich kaum, die Dünen verändern sich ohnehin im Lauf der Jahre. Ich bin nicht sicher. »Der FKK-Strand mit der Strandsauna …« Diese Wörter erzeugen einen bitteren Geschmack auf meiner Zunge. Es schmeckt wie Erinnerung. Wie Schuld. Am liebsten würde ich ausspucken.

Was war das für eine prüde Zeit damals, in der der Besuch des Nacktstrandes ein Abenteuer war! Ja, das war er wirklich – ein Abenteuer! Wir hatten zwar die ganze Rhetorik parat, die aus Nacktheit etwas total Normales machte, und taten so, als verachteten wir alle, die gegen nackte Haut, freie Liebe und Gruppensex waren, aber keiner von uns erfüllte auch nur eine einzige der Forderungen, die er in die Welt posaunte, um Eltern und Lehrer zu provozieren. Ja, der Besuch des Nacktstrandes war ein Abenteuer, ich bleibe dabei. Für jeden von uns! Wenn auch keiner es zugab. Wir wollten nicht mehr prüde sein, hassten alles, was prüde war – und waren doch genauso prüde wie unsere Eltern.

Schon lange habe ich nicht mehr an diesen schrecklichen Tag gedacht. Verdrängt habe ich ihn, so gut es ging. Diese Erinnerung ist nichts, worüber sich lachen lässt. Ich habe mir etwas vorgemacht. Wer erinnert sich schon gern an eine Zeit, die voller Scham und Schuldgefühle war?

Vielleicht wäre ich doch besser zum Ellenbogen gefahren! Dann hätten sich meine Gedanken nur um Georg gedreht. Auch nicht besonders angenehm, aber immerhin ohne Scham und Schuld. Wenn ich an Georg denke, kann ich mich in seiner Schuld sonnen und über das lachen, wofür er sich schämen muss. Wesentlich angenehmer und viel besser als die Erinnerung an meinen ersten Sylt-Aufenthalt und die ersten Stunden am Nacktstrand.

Paul lässt sich treiben. Ob der Wind, der ihn nach Westerland geweht hat, es gut mit ihm meint, weiß er noch nicht.

Aber seit er im Hotel Stadt Hamburg eingecheckt hat, weiß er ganz sicher, dass er sich ihm überlassen muss. Die Segel sind gefallen, der Wind wird mit ihm machen, was er will. Die Frage »Warum ausgerechnet Sylt?« ist so überflüssig wie der Versuch, vor diesem Wind zu segeln.

Der schattige Teil der Strandstraße ist voller Leben. Wer erst zum Meer gehen will, wenn die Hitze erträglicher geworden ist, vertreibt sich mit Shoppen die Zeit oder sitzt vor den Cafés und Kneipen. Paul will weder das eine noch das andere, er will sich weiter treiben lassen, genau in der Mitte der Straße, wo die Sonne scheint, vor der alle anderen flüchten. Das ist gut so. Paul wird nicht zur Seite gedrängt, er läuft auf der Naht zwischen der linken und der rechten Geschäftszeile. Er liebt die Symmetrie. Es gibt Tage, an denen braucht er sie sogar. Heute hat er sie nicht nötig, aber es tut ihm dennoch gut, sich die Symmetrie zu leisten. Sie hilft ihm, sich aufzurichten, den Blick nicht zu Boden, sondern zur nächsten Straßenecke zu werfen und mit großen, langsamen Schritten zu gehen. Vorbei an denen, die sich in dem Laden neben dem Hotel mit Zeitschriften eindecken, an denen, die sich schräg gegenüber für ihre Vierbeiner ein strassbesetztes Halsband ausgesucht haben, vorbei an den Bier-, Prosecco- und Kaffeetrinkern, die ihn gleichgültig betrachten, weil sie nicht ahnen können, warum er hier ist. Keiner weiß, dass er es ihnen allen zeigen will, keiner kennt seine Wut. Wut auf Sophia, auf den Rest der Clique, auf Uschi, auf … auf die ganze Welt. So voller Wut ist er, dass es nun sein muss. Hier auf Sylt! Es geht nicht anders. Ja, er wird's ihnen zeigen! Allen miteinander!

Am Ende der Strandstraße wird er auf ein Riff geworfen.

»Gästekarte?«

Er hat keine. Das Betreten des Strandes ist ihm verboten.

»Besorgen Sie sich eine im Syltness-Center.« Der Strandwärter weist hinter sich, durch die Sylter Welle hindurch. »Dort ist geöffnet.«

Paul lässt sich von einer Frau, die im Besitz einer Gästekarte ist, beiseiteschieben und geht zurück. Noch vor dem Café Wien biegt er rechts ab und bummelt zur Friedrichstraße, dem Geruch von gebratenem Fisch entgegen. Er hat die Wahl zwischen Fisch-Blum und Gosch und entscheidet sich für die Theke, vor der die Schlange der Wartenden am kürzesten ist. Ob die Fischbrötchen noch genauso gut schmecken wie vor vierzig Jahren? Es fällt ihm schwer, sich zu entscheiden. Matjes, Lachs, Krabben, Makrelen stecken zwischen den weißen Brötchenhälften. Schließlich zeigt er auf einen Brathering, der zusammen mit riesigen Zwiebelringen aus einem Brötchen herausschaut.

Die Verkäuferin legt das Fischbrötchen in eine dünne Papierserviette und hält es ihm entgegen. »Lassen Sie es sich schmecken!«

Leichter gesagt als getan. Für ein Fischbrötchen braucht man einen großen Mund, zwei freie Hände, eine sensible Gaumenführung und entweder die ganze Aufmerksamkeit oder pflegeleichte Kleidung, am besten beides. Paul erkennt das Problem auf den ersten Blick und beschließt, sich nicht zu viel abzuverlangen. Während des Verzehrs eines Fischbrötchens weiterzubummeln, Schaufensterauslagen zu betrachten, eiligen Passanten auszuweichen oder gar in einem

Geschäft nach einem Preis zu fragen, ist bodenloser Leichtsinn.

Er stellt sich mit anderen Fischbrötchenessern an die Straßenecke, beugt wie sie den Oberkörper weit vor, verlagert den Moment des Zubeißens auf den äußersten Punkt und hofft, dass niemand ihn von hinten anrempelt. Die Kraft muss gut bemessen werden. Wer glaubt, die Zähne kräftig ins Brötchen schlagen zu müssen, läuft Gefahr, dass der Inhalt herausquillt und auf dem Pflaster der Friedrichstraße landet. Damit ist er dann noch gut gefahren, denn die Bescherung hätte auch den Umweg über ein Hosenbein nehmen können. Wer aber zaghaft zubeißt, wird in der oberen Brötchenhälfte steckenbleiben, weil sie über dem feuchten Fisch nicht mehr knusprig, sondern durchweicht und damit zäh geworden ist. Wer dann nachdrückt, hat schon verloren und die gleiche Bescherung wie die resoluten Zubeißer. Als Paul das Problem durchschaut hat, ist er schon um ein paar Zwiebelringe ärmer und um die Erfahrung reicher, dass ein glitschiger Fisch sich dem Druck entzieht und in eine Richtung ausweicht, die selten erwünscht ist. Infolgedessen hat er ein Stück Brötchen im Mund und einen Teil des Bratherings auf den Schuhen liegen. Direkt daneben landet eine Möwe und sieht den Brathering gierig an. Paul macht einen Schritt zur Seite, man ist ja kein Unmensch.

Leider tritt er damit einer dicken Dame in den Weg, die sich in ein Krabbenbrötchen verkeilt hat und der frohen Erwartung entgegenbeißt, mit dem nächsten Happen mindestens sieben Krabben und einen guten Schluck Cocktailsoße herunterzuschlingen. Jeder Fischbrötchenesser weiß, dass eine geringe Kursabweichung verheerende Folgen haben kann. In diesem Fall hat Paul mit seinem linken Ellbogen den rechten Unterarm der Frau berührt und damit die direkte Zufuhr in einen ungünstigen Winkel versetzt. Das Krabbenbrötchen landet nicht zwischen den Vorderzähnen der dicken Dame, sondern in einem Mundwinkel, wo es ziemlichen Unfug anrichtet. Jedenfalls sickert von dort ein Rinnsal der Cocktailsoße herab, in dem eine Krabbe schwimmt, die Kurs auf das üppige Dekolletee nimmt und ausgerechnet dort landet, wo sie sich wunderbar einschmiegen kann.

Paul ist neben der Dame der Einzige, den die hektische Suche nach der Krabbe nicht amüsiert. Allen anderen vertreibt das Schauspiel die träge Langeweile auf das angenehmste. Aber lediglich eine Möwe hat den Weg der Krabbe bis zu ihrem Ziel verfolgt, nimmt sie zwischen den Füßen der empörten Dame auf und schwingt sich damit in die Lüfte.

»Gucken Sie sich mein Kleid an!«

Paul guckt es sich an. Ja, rosa Cocktailsoße macht sich nicht gut auf weißem Leinen. Aber der Frau in Aussicht stellen, für die Kosten der Reinigung aufzukommen? Ihr womöglich seinen Namen nennen? Nein, Paul schließt sich der Meinung eines stoischen Urlaubers aus dem Ruhrgebiet an. »Nun stellen Sie sich doch nicht so an. Er hat's ja nicht mit Absicht getan.«

Damit hat die Dame ein neues Ziel für ihre Empörung gefunden, was Paul die Gelegenheit gibt, sich heimlich davonzumachen. Noch kann er sich sicher fühlen. Die dicke Dame hat sich mehr um ihr Dekolletee und ihr weißes Leinenkleid als um sein Gesicht gekümmert. Später wird sie vielleicht sagen: »Das könnte der Kerl sein, der mir mein Kleid versaut hat.« Aber ganz sicher wird sie vermutlich nicht sein. Und dabei muss es unbedingt bleiben. Niemand darf wissen, warum er hier ist. Niemand soll ahnen, was er vorhat. Jetzt noch nicht!

Endlich! Das Dünental ist durchschritten, links von mir duckt sich das kleine Holzhaus, in dem die Strandsauna untergebracht ist. Sie hat uns damals nicht interessiert und geht mich auch heute nichts an. Vor vierzig Jahren war keiner von uns jemals in einer Sauna gewesen, und niemand wollte es riskieren, dort etwas falsch zu machen. An meiner Abneigung hat sich im Laufe der Jahre nichts geändert, ich habe Georg immer alleine saunieren lassen. Ich mag es nicht, wenn der Schweiß aus meinen Poren tritt. Mir ist dann, als würde Schmutz aus mir herausgeschwemmt, von dem ich nichts wissen will.

Nun noch der kurze Anstieg auf den Kamm der letzten Düne, dann liegt der Strand vor mir. Schneeweiß, von gleißender Helligkeit. Ein schönes Bild! Friedlich und ohne die Nachdrücklichkeit, aus der Ernst entsteht.

»Warum zögerst du?«, würde Elena mich jetzt fragen, mir ihre Faust in den Rücken rammen und mich vorwärts drängen.

Ja, warum zögere ich? Weil ich einen Auftritt habe! Weil ich ganz allein eine Bühne betrete, wo mich die Aufmerksamkeit eines trägen Publikums erwartet. Es liegt auf Decken und Badelaken, sitzt auf Strandstühlen oder wandert behäbig zwischen Wasserkante und Liegeplatz hin und her. Es hat nichts Besseres zu tun, als andere zu betrachten. Eine Frau allein! Ledig, geschieden oder verwitwet? Die Fragen entstehen schnell, die Antworten ebenso. Jedenfalls, wenn ich Elena glauben darf.

»Wenn sie dich ansehen, als könnten sie dich hassen, kannst du zufrieden sein, dann taugst du zur Konkurrentin. Mitleid und Herablassung können schlecht verhohlene Angst sein, dein Marktwert ist also noch stabil. Wirklich schlimm ist es, wenn eine gleichaltrige Frau dir freundlich entgegenlächelt. Dann kannst du dich gleich begraben lassen.«

Es ist zu heiß für muntere Ballspiele. Nicht einmal das Meer spielt mit seiner Brandung, es schwappt lustlos an den Strand. Kein Springen in den Wellen, kein Kreischen, kein Aufruhr. Die sich ins Wasser begeben haben, suchen Erfrischung, keinen Spaß, sie kühlen sich mit ein paar schwunglosen Schwimmbewegungen ab, legen sich dann auf den Rücken und lassen sich – mit dem Gesicht zum Strand – treiben.

Warum fällt es mir so schwer, diese Bühne zu betreten und meine Rolle zu spielen? Ja, Elena, du hättest eine Antwort darauf, aber die will ich nicht hören. Weitergehen und meine Decke dort ausbreiten, wo Georg es getan hätte? Irgendwo zwischen dem Meer und den Dünen! Nah genug am Wasser, aber nicht so nah, dass man in den Kreis der Ballspiele gerät. Nah genug am nächsten Sonnenbadenden, sodass man sich ein paar freundliche Worte zurufen kann, aber doch weit genug entfernt, damit man sich kein Gespräch aufzwingen lassen muss.

»Moin!«

Ich trete zur Seite, lasse das Paar an mir vorbeigehen, das etwa in meinem Alter ist. Der Mann geht voraus, sucht sich genau den Platz aus, den auch Georg gewählt hätte, verständigt sich kurz mit seiner Frau, die freundlich nickt. Bevor die beiden sich dort einrichten, lassen sie ihre Shorts auf die Füße fallen und ziehen bedächtig die T-Shirts über den Kopf. Die Unterwäsche folgt genauso gemächlich. Die beiden Körper stehen im Scheinwerferlicht der Sonne, drehen sich vor ihren Zuschauern, sehr selbstbewusst, ganz und gar unaffektiert. Trotzdem sieht es, als sie sich bücken, um die Decke auszubreiten, so aus, als verneigten sie sich vor dem Applaus.

Und was ist mit mir? Vor vierzig Jahren wären Leute wie ich, die sich bekleidet auf eine Düne stellen und den Blick über den Nacktstrand wandern lassen, sofort als Spanner entlarvt und beschimpft worden. Zum Glück ist das heute anders. Ich sehe einen Mann in Badeshorts von der Wasserkante kommen, der sich zu einer Frau auf die Decke setzt, die dort gelangweilt mit ihrer Nacktheit spielt, indem sie ihre Brüste wiegt und ihre Bauchdecke glättet. Heutzutage hat jeder die Freiheit, sich zu entscheiden. Als ich sechzehn war, gab es diese Freiheit noch nicht. Wer so frei sein wollte, sich nackt am Strand zu bewegen, war gleichzeitig dazu verpflichtet. Wer sich nicht ausziehen wollte, war heuchlerisch oder ein Opfer von Autoritäten, die auch was gegen Drogen, sexuelle Freiheit, Mao und Jimi Hendrix hatten und nichts gegen den Kuppelei-Paragraphen taten, der der Emanzipation immer noch im Wege stand. Es kommt mir vor, als wäre das nicht vierzig, sondern vierhundert Jahre her.

Anscheinend bin ich die Einzige, die allein zum Strand gekommen ist. Und es ist ausgesprochen lästig, dass mir Elenas Mahnungen nicht aus dem Sinn gehen. Wo suche ich mir ein Plätzchen? Wo werde ich mich wohlfühlen?

Als ich noch zusammen mit Georg zum Strand fuhr, habe ich mir nie Gedanken gemacht, wie mein Körper auf andere wirkt. Ich habe mich sicher gefühlt in der Gegenwart meines Mannes. Nun aber lebt er mit einer Frau zusammen, die einen jungen Körper hat, und alles ist anders. Der Kreis hat sich geschlossen. Als ich sechzehn war, habe ich mich am Nacktstrand nicht wohl gefühlt, weil ich jung war, jetzt fühle ich mich nicht wohl, weil ich nicht mehr jung bin. Eins so verrückt wie das andere. Möglich aber auch, dass ich vor vierzig Jahren, bei meinem ersten Besuch am Nacktstrand, mein Vertrauen verloren habe. Du hast damals mit dem Abenteuer gespielt, Elena, ich dagegen bin von ihm besiegt worden. Ich fühle mich plötzlich genauso allein und angreifbar wie damals. Dass mir ein Haus auf Sylt gehört, hilft mir in diesem Augenblick nicht. Und dass mich vor einer Stunde ein attraktiver Schriftsteller sehr aufmerksam angesehen hat, auch nicht.

Es muss etwas geschehen. Ich kann nicht ewig hier stehen bleiben. Ich glaube, ich verzichte besser auf meinen Auftritt! Ich drehe der Bühne den Rücken zu und entscheide mich kurzerhand für eine Mulde oberhalb des Strandes. Hier können mich nur die mit Luftmatratzen und Kühltaschen beladenen Urlauber sehen, und die spielen keine Rolle. Das sind nicht die Leute, die auf einen anderen Körper mit Herablassung, Mitleid oder Abwehr reagieren, mit Freundlichkeit auch nicht. Vielleicht werden sie später dazu, wenn sie sich lange genug in der Langeweile gesonnt haben und an der Wasserkante entlang flaniert sind. Bei ihrer Ankunft jedoch sind sie viel zu sehr mit dem Gepäck beschäftigt und mit der Frage, welcher Liegeplatz der Richtige für sie ist.

Ich lasse mir die Shorts nicht auf die Füße fallen, sondern folge ihnen und setze mich auf die Decke, um sie mir über die Füße zu streifen. Dass mir mein Bauch dabei im Wege ist, ist die gerechte Strafe für meinen verpatzten Auftritt. Ich bin froh, als ich mich zurücklehnen kann. Aber die vom Gummiband getrennte Wölbung ist mir geblieben. Im vergangenen Jahr, als ich, ohne es zu ahnen, den letzten Urlaub mit Georg verbrachte, war sie sicherlich auch schon da, aber ich habe sie nicht zur Kenntnis genommen. Ob Georg sie bemerkt hat?

3.

Die Friedrichstraße ist plötzlich voller Menschen, die ihm ins Gesicht sehen. Seit die dicke Frau mit dem Krabbenbrötchen die Tür zu seiner Anonymität aufgestoßen hat, fühlt Paul sich beobachtet. Der Eisverkäufer – betrachtet er ihn nicht besonders aufmerksam, als er ihm das Hörnchen reicht? Das Lächeln des Straßenverkäufers, dem er ein Lesezeichen mit einem Sylter Motiv abkauft – ist es nicht forschend statt freundlich? Und dann das junge Mädchen, dem er das Stirnband nachträgt, das aus ihrer Einkaufstasche gerutscht ist! Es schaut ihn an, als wollte es sich später an ihn erinnern. Pauls Angst nimmt zu. Er verteilt das Wechselgeld, das ihm der Straßenverkäufer gegeben hat, auf beide Hände, umschließt fest die tröstliche Symmetrie. Und wieder rumort in ihm die Frage: Warum ausgerechnet auf Sylt? Und ... warum überhaupt?

Auf der rechten Seite kommt die kleine Badebuchhandlung in Sicht. Ein Aufsteller vor der Eingangstür weist auf die Lesung des Bestsellerautors David Davidson im Alten Kursaal von Westerland hin. »Der Autor ohne Gesicht!«

Das komplette Schaufenster ist mit seinen Romanen dekoriert. Paul betrachtet jedes einzelne Buch, dann tritt er einen Schritt zurück und lässt das Gesamtwerk des Autors auf sich wirken. Es ergibt ein schönes Bild. In der Mitte das neueste Werk, rechts und links daneben alle anderen, die zum Glück eine gerade Zahl ergeben und sich symmetrisch aufteilen lassen. Alle David-Davidson-Bücher haben einen dunklen Hintergrund, davor prangt das Gemälde eines alten Meisters. Auf seinem ersten Buch »Geburt der Venus« von Sandro Botticelli, auf einem anderen »Das große blaue Pferd« von Franz Marc. Sein neuestes Werk trägt das wunderbare Bild von Claude Monet: »Aufgehende Sonne«. Dem Buchhändler ist es gelungen, die Vielzahl der Gemälde zu einem einzigen zusammenzufügen, zu einem einzigartigen Bild mit dem Titel: »Die Werke David Davidsons!« Paul ist ehrlich beeindruckt.

Eine Frau stellt sich neben ihn. »Wahnsinn, was dieser Autor geschaffen hat! Ich kann mir gar nicht vorstellen, dass er ein Mensch ist wie du und ich.« Sie kichert und ergänzt: »Wie Sie und ich, meine ich natürlich.«

Paul kann kichernde Frauen nicht ausstehen. Das ist so, seit Sophia mit ihrem Kichern diese Angst in ihm erzeugt hat. Männer kichern niemals, sie schmunzeln, lachen leise oder brummen sich feixend etwas in den Bart, wenn sie nicht lauthals herauslachen. Frauen dagegen produzieren dieses schrille Stakkato auf der höchsten Stelle ihres Gaumens, direkt unter der Zungenspitze, die sie dann nach innen wölben, als wollten sie dem Kichern einen Klang geben. Erträglicher wird es dadurch nicht. Kichern ist und bleibt die boshafte Schwester des Lachens.

Paul bringt nicht einmal ein höfliches Lächeln zustande. Zum Glück enthebt ihn der Buchhändler einer Antwort, die nicht halb so charmant ausgefallen wäre, wie die Frau es erwartet. Sie sieht Paul neckisch an, weil sie an einen gelungenen Scherz glaubt.

Der Buchhändler ist, wie erwartet, erheblich konzilianter. Er schafft es, der Frau sein aufmerksames Gesicht zuzuwenden, während er das Fahrrad entfernt, das das Plakat auf seinem Aufsteller verdeckt. Es trägt das Bild des neuesten Buches von David Davidson, das soeben erschienen ist.

»Wird Davidson wirklich selber lesen?«, erkundigt sich die Frau.

Der Buchhändler schiebt seine Brille mit den winzigen runden Gläsern auf die Nasenspitze und lächelt. »Ja, das wird er.«

»Aber er hat noch nie selber gelesen!«, ruft die Frau, als sei damit die Unredlichkeit des Buchhändlers bewiesen. »Er wird nicht umsonst der ›Autor ohne Gesicht‹ genannt. Niemand weiß, wer hinter dem Namen steckt.«

»Demnächst wird er ein Gesicht haben«, sagt der Buchhändler und weist in seinen Laden. »Bei mir finden Sie jede Zeile, die David Davidson jemals geschrieben hat.«

Die Frau fühlt sich persönlich eingeladen und betritt die Buchhandlung wie ein Ehrengast. Paul folgt ihr und sieht sich in dem schmalen, aber tiefen Raum um. Ja, so muss eine Buchhandlung aussehen! Paul kann riesige Bestseller-Märkte genauso wenig leiden wie die gewaltigen Gotteshäuser. Hier wie dort wird den Gedanken ein Raum gegeben, in dem sie verloren gehen müssen. Wenn Paul die Nähe zum Glauben sucht, geht er in eine Kapelle, die höchstens drei Bankreihen besitzt, und wenn er in Bücherregalen stöbern will, sucht er sich kleine Buchläden aus wie die Badebuchhandlung von Westerland.

Die Frau geht schnurstracks auf den großen Büchertisch zu, der eine Wiederholung des Schaufensters ist. Sämtliche Bücher David Davidsons sind dort ausgestellt. Und überall liegen Handzettel herum, die den Umriss eines Kopfes zeigen, der kein Gesicht hat.

Die Frau kichert ein weiteres Mal, als sie nach einem Handzettel greift, und Paul dreht sich um und verlässt die Badebuchhandlung wieder. Mehr muss er von David Davidson nicht wissen. Schon die Zeitungen waren voll davon, dass der bekannte Autor nun endlich sein Inkognito lüften will. Ein Spektakel, das Paul nicht behagt.

Eigentlich wollte er fragen: »Haben Sie was von Wolf Biermann?« Aber er dreht sich um und verlässt die Badebuchhandlung wieder. In seinem Bücherschrank steht ja alles, was es über Wolf Biermann zu wissen gibt.

Puh, ist das langweilig! Ich hätte mich an die Wasserkante legen sollen, wo es etwas zu sehen gibt. Was hat mich eigentlich gehindert? Wenn Elena mich das fragte, wüsste ich keine Antwort. Sie darf niemals erfahren, dass ich mich wie ein schlechter Schüler in die letzte Reihe verdrückt habe. Für verrückt wird sie mich halten.

»Hemmungen am Nacktstrand, nur weil Georg nicht mehr bei dir ist? Es wird wirklich Zeit, Sophia, dass du dein Leben änderst.«

Ich bin auf dem besten Wege, Elena! Mir gehört ein Haus auf Sylt und ein nagelneues Cabrio. Ist das vielleicht nichts? Demnächst werde ich meinem Nachbarn sagen, was ich von seiner Scheinheiligkeit halte und vielleicht sogar den Schriftsteller aus seiner Ruhe aufschrecken. Und ganz sicher werde ich meine Decke dort ausbreiten, wo Georg es tun würde. Vielleicht morgen schon! Es hat keinen Sinn, alle Schritte auf einmal zu tun, dann falle ich auf die Nase. Du bist anders, Elena, du warst damals schon ein gutes Stück weiter als ich. Und ich habe dich nie eingeholt. Bei keiner deiner drei Scheidungen hast du lange gefackelt, und bei deinen heimlichen Liebschaften warst du viel schlauer als ich. Schlauer als deine Ehemänner sowieso. Jedem von den dreien bist du schnell auf die Schliche gekommen und hast genauso schnell dafür gesorgt, dass die entsprechenden

Beweise erbracht wurden. Mein einziger kümmerlicher Versuch war derart ungeschickt, dass Georg sofort dahinterkam, und das, obwohl er es nicht mal wollte. Du hättest mir eben schon vorher einschärfen sollen, dass die Wahlwiederholungstaste des Telefons alles verraten kann.

Mein Gott, war ich froh, dass Georg mir meinen Fehltritt verzieh! Auch da bist du anders, Elena! Du hast das Verzeihen deiner Ehemänner verlangt, ich habe es erbettelt. Und natürlich habe ich Georg danach seine sämtlichen Fehltritte nachgesehen. Einen nach dem anderen! Ich musste ja Verständnis für ihn haben. Schließlich hatte ich nun am eigenen Leib erfahren, wie süß die Versuchung ist und wie leicht man ihr erliegt. So lange habe ich Georg verziehen, bis er mein Verzeihen gar nicht mehr wollte. Ja, ja, Elena, auch das hast du mir prophezeit.

Die Kurzgeschichten von David Davidson strengen mich plötzlich an. Seine Erzählungen sind so dicht, so intensiv, so hintergründig, dass ich mehr als zwei oder drei nicht verarbeiten kann. Nach jeder Geschichte sehne ich mich nach einem Schicksal, wie er es beschreibt. Ich möchte so sein wie Davidsons Helden, möchte so intensiv leben, lieben und leiden wie sie.

Ich hätte einen Krimi mitnehmen sollen. Oder einen dicken historischen Roman so wie Georg. Vielleicht auch einen Fantasy- oder Zukunftsroman. Warum nicht mal was anderes lesen? Warum soll ich mich nicht einmal gruseln, statt mich literarisch zu erbauen?

Ich glaube, Uschi war es, die gern Zukunftsromane las. Am Abend in der Jugendherberge hat sie aus einem Buch vorgelesen, das derart gruselig war, dass Elena und ich in der Nacht das Licht nicht löschen mochten. Also schliefen wir nur wenig und versuchten das Grauen zu vergessen, indem wir uns die Gesichter der Jungs vorstellten, wenn sie uns in unseren Baby-Dolls sehen könnten. Die kurzen Pumphosen und die weiten Hängerchen, die darüber fielen, waren der letzte Schrei der Nachtwäschemode. Wir dachten sogar darüber nach, unsere Angst vor dem, was Uschi uns vorgelesen hatte, ein wenig zu übertreiben und zu den Jungs zu laufen, um bei ihnen Schutz zu suchen. Aber ich hatte viel zu viel Angst vor den Konsequenzen, und selbst Elena traute sich nicht.

Ich weiß nicht, ob Zukunftsromane immer gruselig sind, vermutlich nicht. Ich jedoch assoziiere sie immer mit einer Gänsehaut.

Uschi! Ja, sie war es, die damals die Idee hatte, zum Nacktstrand zu gehen. Und Elena stand sofort an ihrer Seite. »Super Idee! Wir fahren mit den Rädern hin!«

Bärbel und ich hofften insgeheim, dass die Jugendherberge nicht genug Fahrräder zur Verfügung hatte, und Paul hoffte es natürlich auch. Aber wir hatten Pech. Der Herbergsvater führte uns in einen Kellerraum, in dem dutzendfach herumstand, was einen Lenker, zwei Räder und zwei Pedalen hatte und sich damit vorwärtsbewegen ließ. Anscheinend gaben bei ihm die Leute der Umgebung ihre alten Fahrräder ab, wenn sie sich endlich ein neues leisten konnten.

Werner und Rolf waren begeistert oder taten zumindest so, am Ende tat auch Paul so. Wahrscheinlich war ich die Einzige, die wusste, wie es in ihm aussah. Der vorherige Tag hatte schrecklich geendet, schrecklich für Paul. Und ich hatte es nicht verhindern können. Warum war er nicht mit einem selbstgeknüpften Haarband gekommen, wie Elena es von dem Jungen aus der Parallelklasse geschenkt bekommen hatte? Oder mit einer Tüte Cremehütchen, die ich für mein Leben gern aß? Ausgerechnet ein Gedicht! Als ich begriff, dass Paul es selbst geschrieben und mir gewidmet hatte, kam ich mir vor, als sollte ich vom Pfarrer den Segen oder vom Schuldirektor einen Tadel erhalten. Von beidem etwas. Besonders feierliche oder besonders angstvolle Momente konnte ich damals nur schwer ertragen. Ich habe es versucht, wirklich. Es war ja zu spüren, wie wichtig dieser Augenblick für Paul war, und ich habe mich darauf konzentriert, wie ich mich auch bei meiner Konfirmation darauf konzentriert hatte, ernst zu bleiben und nicht zu kichern. Paul hätte mir das Gedicht geben und es mich selber lesen lassen sollen. Vielleicht wäre dann alles gut gegangen. Aber als er da vor mir im Gras saß ...

Es hält mich nicht im Sand. Plötzlich ist die Hitze unerträglich, hinter dem Dünengras erreicht mich nicht der kleinste Lufthauch. Ich muss aufstehen und dem sanften Wind, der übers Meer streicht, meine nackte Haut entgegenhalten. Ja, das tut gut.

Ich weiß nicht mehr, wie das Gedicht hieß. Es hatte einen schönen Titel, daran erinnere ich mich noch, einen, der nicht isoliert stand, sondern eine Verbindung mit der ersten Zeile einging, auch das weiß ich noch. Es war ein Liebesgedicht, das merkte ich sofort, obwohl Paul mit seinem Vortrag nicht weit kam.

Besser, ich lege mich wieder in den Sand. Die Gedanken an sein Gesicht drücken mich nieder. Der arme Paul! Erst das Geschrei des Herbergsvaters, dann Uschi mit ihrer Flasche Regina! Gibt's diese grelle Brause eigentlich heute noch?

Die Haut auf Brust und Bauch beginnt zu brennen, ich habe vergessen, mich mit der Sonnenmilch einzureiben. Egal! Wenn ich mich auf den Bauch drehe und der Sonne meine andere Hälfte hinhalte, kann ich auch viel besser das Treiben am Strand beobachten. Das Dünengras ist so leicht und schwebend, es fängt den geringsten Hauch ein und bewegt sich sachte vor meinem Gesicht. Durch die zarten Halme kann ich immer etwas sehen und werde doch immer von ihnen verborgen.

Niemals werde ich Pauls Enttäuschung vergessen. Wie sollte ich ihm erklären, dass ich nicht kicherte, weil ich mich über ihn lustig machte, sondern weil ich nicht wusste, wie ich sein Geschenk würdigen sollte? Noch lange, etwa bis Mitte zwanzig, habe ich gekichert, wenn ich emotional aufgewühlt war, glücklich oder unglücklich, ängstlich oder übermütig. Auch dann, wenn es keinen Grund zum Lachen gab, wenn sich etwas Tragisches, Peinliches oder Trauriges ereignete. Gerade dann! Es gab damals Menschen, vor allem Lehrer und Eltern, die hielten das Kichern junger Mädchen für ein überspanntes Lachen, für einen Ausdruck von Heiterkeit also. Aber mein Kichern hatte selten etwas mit Fröhlichkeit zu tun. Es war meist eine Reaktion auf etwas, was ich nicht anzunehmen vermochte. Ich war viel zu scheu, um angemessen zu reagieren, wenn mir etwas Expressives widerfuhr.

Elena hätte es vielleicht damals schon fertiggebracht, Uschi über den Mund zu fahren und sie mitsamt ihrer Flasche Regina zum Strand zurückzuschicken. Obwohl ... auch dann wäre wahrscheinlich nichts mehr zu retten gewesen. Paul hatte sich mir geöffnet, mir ganz allein! Weit offen, ganz schutzlos war sein Herz. Gleichgültigkeit, Leichtfertigkeit, Häme und Gedankenlosigkeit konnten hineinfahren, es war nicht zu verhindern. Nein, was so anfing, konnte nicht gut werden.

Später nahm Uschi ihm das Gedicht aus der Hand, las es mit ernster Miene, sah Paul an, als verstünde sie jedes Wort und als bewunderte sie ihn dafür. Uschi tat alles, was ich hätte tun sollen. Sie reagierte angemessen, als wäre das Gedicht für sie geschrieben worden. Und am Ende schob sie es in ihre Hosentasche. Noch heute spüre ich den Schmerz, den mir diese Geste zufügte. Ihre dünnen Finger, die das Papier zusammenfalteten, so klein, dass es in ihre Hosentasche passte, ihre Fingerspitzen, die nachschoben, so lange, bis es fest in der Tasche saß. Es kam mir vor, als wäre mein Gedicht damit Teil ihres Körpers geworden. Ob Paul damals ahnte, dass ich genauso litt wie er? Nein, sicherlich nicht. Aber ich durfte mich nicht beklagen. Ich hatte Paul verletzt, so geschah es mir ganz recht, wenn ich nun ebenfalls litt.

Was mag aus ihm geworden sein? Nach der Syltreise war er plötzlich mit Uschi zusammen. Ein paar Monate später machten wir die Mittlere Reife, gingen von der Schule ab und verloren uns aus den Augen. Keine Ahnung, welchen Beruf Paul ergreifen wollte. Ich weiß nicht einmal, in welche Stadt er gegangen ist. Und was aus Uschi geworden ist, weiß ich auch nicht. Elena erzählte Jahre später, sie habe Uschi in Berlin gesehen. Sehr schön, sehr elegant und teuer gekleidet. Elena hat beobachtet, wie sie in ein Taxi stieg, Uschi schien es eilig zu haben. Von Paul jedoch hat nie wieder jemand etwas gehört.

Es war ein klarer Himmel gewesen, daran erinnert er sich genau, von einem hellen, metallischen Blau. Die wenigen Wolkentupfer hatten scharfe Umrisse, nirgendwo gab es Wolkenschlieren, -fetzen oder -schleier. Der Himmel sah aus wie von kindlicher Hand bemalt. Im Tal zwischen den Dünen stand die Hitze, aber am Strand empfing sie ein kräftiger Wind. Ein ganz anderer Tag als dieser! Heute flimmert der Strand unter der Sonne, damals war er klar und durchscheinend.

Gemächlich geht Paul bis zur Wasserkante, streckt den linken Fuß ins Wasser, dann den rechten, zweimal den linken, zweimal den rechten. Dann stellt er die Füße nebeneinander, exakt parallel, und lässt eine Welle darüber schwappen. Mit dieser Symmetrie ist sein Wohlgefühl hergestellt.

Er macht kehrt und wandert, mit dem Blick auf seine Fußspitzen, zu den Dünen zurück. Ein Plätzchen hinter dem Gras wird er sich aussuchen, wo seine Erinnerungen nicht im Wege sind.

Uschi war damals die Erste gewesen, die loslief. Elena zögerte keinen Moment und rannte ausgelassen hinter ihr her. Rolf und Werner stießen sich lachend an, drängten sich gegenseitig aus ihren Hosen, dann liefen sie hinter den Mädchen her, als wären sie auf der Flucht. Paul hatte es nicht eilig, genauso wenig wie Bärbel und Sophia. Und er war froh, dass Bärbel sich neben ihn setzte und er Sophia nicht ansehen musste. Er hatte den ganzen Morgen darauf gewartet, dass sie ihn um das Gedicht bat und ihm etwas sagte, was aus der Niederlage ein Ergebnis unglücklicher Umstände machte. Aber sein Warten war vergeblich gewesen. Zwar hatte er oft ihren Blick gespürt, aber gesagt hatte sie nichts.

Als er sah, wie die anderen sich in das Abenteuer der Nacktheit stürzten, stieg Hoffnung ihn ihm auf. Vielleicht würde Sophia hier begreifen, wie nackt und schutzlos er sich am Abend zuvor gefühlt hatte. Und vielleicht konnte sie hier sein Geschenk würdigen. Dann würde er keinen Moment zögern und das Gedicht von Uschi zurückverlangen.

Später fragte er sich, woher er eigentlich seine Hoffnung genommen hatte. Aber da war die Antwort auf diese Frage bereits nicht mehr wichtig. Da war der Krankenwagen schon gekommen, da hatte sich längst diese Leere breit gemacht, die entsteht, wo kurz zuvor nichts als Angst gewesen ist. Und dann hatten ihn die ersten vorwurfsvollen Blicke getroffen, und Sophia hatte ihn gar nicht mehr angesehen. Danach war er für Uschi leichte Beute gewesen.

Wenn er daran zurückdenkt, beschleicht ihn die Scham erneut. Nicht das schlechte Gewissen, nein, tiefe Scham. Entstanden war sie bereits, als Uschi und Elena mit Rolf und Werner kreischend im Wasser herumsprangen und zu erwarten war, dass sie später von einem ganz neuen Körpergefühl sprechen würden. Paul hatte schon öfter die Anhänger der Freikörperkultur von neuer Freiheit reden hören, von den Zwängen, die mit der Kleidung abgelegt werden, und dass es mit der Förmlichkeit ein Ende haben müsse. Uschi hatte anscheinend auch schon davon gehört, denn sie führte diese Reden alle im Munde, als sie sich in Pauls Nähe abtrocknete.

Angeblich war sie ein neuer Mensch geworden, seit das Meer ihre nackte Haut umspielt hatte. »Die Leute am Textilstrand sind doch alle Spießer! Die wollen vor allem ihre teuren Badeanzüge zur Schau tragen. Scheiß-Konsumterror!«

Eine Stunde später dann zerbrach ihre Freundschaft, die seit Beginn des Schuljahres bestanden hatte. Noch genossen Uschi und Elena das Abenteuer in vollen Zügen, Rolf und Werner genossen vor allem ihren Mut und malten sich aus, was sie später über ihren Aufenthalt am FKK-Strand von List erzählen würden, und Bärbel saß lächelnd da, bestätigte zwar alle Vorteile des Nacktbadens, gab aber die Nähe zu Paul und Sophia nur auf, wenn sie Gefahr lief, spießig und kleinbürgerlich genannt zu werden. Dann lief sie hinter den anderen her ins Wasser, in das sie sich bis zum Hals duckte, wickelte sich anschließend in ihr Badetuch und wartete lange darauf, dass ihr Körper trocken wurde.

Paul hebt den Oberkörper an und stützt sich auf den Ellbogen auf. Dort drüben, in der Nähe des Wassers, wo die junge Familie mit den drei kleinen Kindern ihre Decken ausbreitet, muss es gewesen sein. Sophia hockte unglücklich auf ihrem Badelaken, so allein und schutzlos, so nackt und verloren, dass er sich nicht traute, sich zu ihr zu setzen. Erst recht nicht, als sie wieder versuchte, ihre Angst und Verlegenheit wegzukichern. Sie kicherte, weil der Sand heiß war, der Wind ihn in ihr Gesicht blies und eine Möwe sich in ihrer Nähe niederließ und gierig ihren Proviant anstarrte. Mittlerweile weiß Paul, warum Mädchen kichern, aber es gefällt ihm heute genauso wenig wie früher.

Elena kam angelaufen. »Komm ins Wasser, Sophia! Es ist einfach dufte.«

Dufte! Das war das Wort, mit dem die Blumenkinder und die, die sich gern dazu zählten, ihre Zustimmung ausdrückten. Dufte war alles, was vorher schockierend gewesen war: Aufklärung, antiautoritäre Erziehung, Miniröcke und vor allem Blue Jeans, das Ausdrucksmittel einer antibürgerlichen Weltanschauung.

Herausfordernd stand Elena da, die Hände in die Hüften gestutzt, ihre kleinen festen Brüste größer geatmet und den Bauch vorgereckt. »Nun komm schon!«

»Später«, sagte Sophia. »Ich habe noch keine Lust.« Sie zog die Beine an, umschlang die Knie mit beiden Armen und beugte sich so weit vor, dass nur der Ansatz ihrer Brüste zu erkennen war. Während Elena sie weiter bedrängte, griff sie automatisch an den Hinterkopf, um den Pferdeschwanz zu straffen, aber schnell ließ sie die Arme wieder sinken und legte sie erneut um ihre Knie. »Mir ist das Wasser viel zu kalt.«

»Mir auch«, sagte Bärbel und zog sich ihr Badetuch enger um den Körper.

Sophia warf ihr einen Blick zu, der zeigte, wie dankbar sie Bärbel für die Solidarität war, und Bärbel erwiderte ihren Blick, denn sie war Sophia genauso dankbar.

»Und du?« Elena sah Paul provozierend an. »Ist dir das Wasser auch zu kalt?«

Paul nickte nur. Reden konnte er nicht, er brauchte seine ganze Kraft, um sich zu konzentrieren, um still auf dem Bauch liegen zu bleiben und niemanden sehen zu lassen, wie er auf Sophias Nacktheit reagierte. Kaltes Wasser wäre genau das Richtige gewesen, aber wie sollte er die zwanzig Schritte zum Meer bewältigen?

Auch jetzt dreht er sich auf den Bauch und schließt die Augen. Genauso hat er vor vierzig Jahren dagelegen. Mit aller Kraft auf das konzentriert, was nicht sein durfte. Wenn er sich recht erinnert, hat er damals sogar gebetet.

Bitte, keine Erektion! Nicht jetzt!

Doch Sophias Bild blieb vor ihm stehen. Die Rückseite ihrer Schenkel, weiß und glatt, ihre nervösen Finger, die auf den Schienbeinen flatterten, ihre Füße, die sorgfältig den geheimen Punkt ihres Körpers verstellten und ihn gerade deshalb so verlockend machten, ihre Brüste, die während einer kleinen Bewegung, durch einen winzigen Schwung, neben ihren Schenkeln aufgeblitzt waren und die sich während ihrer gedankenlosen Handbewegung zum Pferdeschwanz angehoben und ihre Schönheit verraten hatten. Es blieb ihm nichts anderes übrig, er musste sich auf den Bauch drehen und so liegen bleiben.

Denk an was anderes! An die Mathelehrerin, an die alte Patentante, an die hässliche Nachbarin daheim!

Aber er schaffte es nicht. Er dachte an Sophia, an ihre schnellen Bewegungen beim Auskleiden, an den Bogen ihres Rückens, als sie sich bückte und ihre Shorts abstreifte.

Bitte, keine Erektion! Nicht jetzt!

Paul streckt sich auf dem exklusiven Badelaken aus, das man ihm im Hotel Stadt Hamburg mitgegeben hat, und versucht zu grinsen. So, wie man eben grinst, wenn man an die Mühseligkeiten der Kindheit denkt, die damals schwer wogen und heute so leicht erscheinen. Aber das Lächeln misslingt. Nein, die Not, die er damals litt, quält ihn noch heute. Nicht einmal der Schreck, der folgte, konnte an seiner misslichen Lage etwas ändern.

Denn plötzlich sprang Sophia auf. Er sah ihre Füße vor sich, zum Greifen nah, blickte an ihren Beinen hoch – und schloss die Augen wieder, presste die Stirn in den Sand. Uschis Schreie hörte er kaum, Rolfs Rufen auch nicht. Die Frage, was passiert war, raste vom Kopf in den Unterleib.

Bitte, keine Erektion! Nicht auch noch das!

Dass sie seinen Namen riefen, war eine Katastrophe. Er konnte jetzt nicht aufstehen, völlig unmöglich. Er musste liegen bleiben und abwarten. Warum sie seinen Namen riefen, fragte er sich nicht. In ihm hämmerte nur der Wunsch, sie mögen endlich damit aufhören. Er konnte nicht aufstehen und sich ihnen zuwenden. Er musste liegen bleiben, bis es vorbei war.

Aber ... wann würde es vorbei sein?

Später, als er älter geworden war, hätte das Absurde dieser Situation ausgereicht, um ihn aller Schwierigkeiten zu entheben. Aber damals war es genau umgekehrt. Das

Groteske machte alles noch schlimmer, es hatte die gleiche Wirkung auf ihn wie Sophias Schenkel, ihre Brüste, ihren Bauch und sogar ihr dunkles, lockiges Schamhaar.

Sie schrien weiter. Warum ließen sie ihn nicht in Ruhe?

»Paul! Komm her! Paul!«

Es würde ihm nichts anderes übrig bleiben, als zu fliehen. Das wusste er, als er Elena und Rolf auf sich zulaufen sah. Sie würden ihn aus dem Sand ziehen, ihn vor sich her stoßen, ihn ins Wasser tauchen. »Du hast es dringend nötig!« Und sie würden lachen. Lachen und lachen! Und Sophia würde kichern und kichern ...

Ich habe keine Lust mehr. Tödlich langweilig ist es, sich mit nichts als den Erinnerungen zu beschäftigen. Tun das nicht nur alte Frauen? Bin ich etwa unterwegs zu denen, die in der Gegenwart nichts mehr finden und deswegen in der Vergangenheit herumkramen? Andererseits – als Georg noch neben mir am Strand lag, habe ich mich auch oft mit Erinnerungen beschäftigt. Wenn auch mit anderen. Mit Erinnerungen, die alle etwas mit Georg zu tun hatten. Und wenn ich es recht bedenke, habe ich mich währenddessen auch oft gelangweilt.

Wenn Georg ein Buch vor der Nase hatte, ließ er sich nicht gern ansprechen. Meine Unterhaltung bestand also vor allem darin, mich über Georg zu ärgern, weil er nicht mit mir redete, nicht mit mir Ball spielen wollte und sogar die Augen verdrehte, wenn ich ihn bat, mir den Rücken einzucremen. Ich habe mich vermutlich mit ihm genauso gelangweilt wie ohne ihn, nur eingestanden habe ich es mir nicht. Warum auch? Es hätte nichts genützt, ich musste neben ihm ausharren. Georg wollte immer erst gegen Abend ins Ferienhaus zurückkehren. Sonst lohnte sich der Weg zum Strand nicht, meinte er.

Wie schön, dass es nun nur noch darauf ankommt, was sich für mich lohnt. Ich kann ganz alleine entscheiden, ob ich heute Abend etwas kochen will oder einfach zur nördlichsten Fischbude Deutschlands fahre, um Matjes mit Bratkartoffeln zu essen. Ich glaube, ich habe mich schon entschieden. Bei Gosch in List werde ich diesmal alle Zwiebelringe essen, die mit dem Matjes serviert werden. Georg konnte es nicht leiden, wenn ich nach Zwiebeln roch. Mir geht's wirklich prima, weil mir das heute ganz egal sein kann.

Es tut gut aufzustehen. Hoffentlich hat niemand beobachtet, wie ich mich in die Höhe gequält habe. Ich muss wirklich mehr Sport treiben, um nicht steif und unbeweglich zu werden. Aber erst mal fahre ich zum Königshafen von List, wo Gosch das betreibt, was er immer noch eine Fischbude nennt. Ob ich mich statt für einen Matjeshering für eine Auster entscheide? Mal sehen. Elena war damals die Einzige, die wusste, wie eine Auster aussah. Paul hatte noch nie was von Austern gehört. Und alle anderen fanden es dekadent, so etwas zu essen. Das gehörte zur etablierten Gesellschaft, zu den Erzkonservativen, zu den dressierten Geldverdienern. Selbstverständlich würden wir niemals eine Auster schlürfen, selbst dann nicht, wenn wir sie uns leisten könnten. Paul rechnete uns sogar vor, wie lange eine Kriegswaise in Vietnam mit dem, was eine Auster kostete, überleben könnte.

Warum werde ich den Gedanken an Paul nicht los? Dabei bin ich mir nicht einmal sicher, ob es wirklich an diesem Strandabschnitt geschehen ist. Was war damals nur los mit Paul? Keiner hat es sich erklären können. Schon bald hat sich aber auch niemand mehr die Mühe gegeben, es zu erklären. Paul war unten durch. Bei allen! Bei mir auch? Ja, irgendwie schon ...

Wenn ich aufs Meer hinausblicke, sehe ich plötzlich alles vor mir. Und ich fühle wieder die Hilflosigkeit, den Wunsch, mutig zu sein, und gleichzeitig die Angst davor. Ich konnte nicht besonders gut schwimmen, hatte immer meine liebe Mühe, mit den anderen mitzuhalten und mir nicht anmerken zu lassen, wie sehr ich mich davor fürchtete, während des Spiels im Wasser untergetaucht zu werden. Uschi, die keine Angst kannte, schien das zu spüren. Sie sorgte immer dafür, dass ich bei den Wasserschlachten am häufigsten getroffen wurde. Elena war auch kein Sport-As, aber das wusste nur ich. Alle anderen hielten sie für tollkühn und furchtlos. Sie hat immer im Wasser ausgelassen gekreischt, hat herumgespritzt und sich hineingeworfen, aber immer dafür gesorgt, dass sie Boden unter den Füßen behielt. Bärbel machte es ähnlich, wenn auch nicht so überzeugend wie Elena. Werner und Rolf dagegen waren gute Schwimmer, wie die meisten Jungen in unserer Klasse. Paul jedoch war der Beste von allen! Er war Rettungsschwimmer! Deswegen hat ja auch keiner verstanden, warum er damals einfach davonlief.

Werner kämpfte um sein Leben, und Paul rannte weg. Die Hände vor den Bauch geschlagen, den Kopf gesenkt, so hetzte er mit großen Schritten über den Strand. Wohin? Er wollte es nicht erklären, als er schließlich zurückkam.

Elena war die Erste, die merkte, dass etwas nicht stimmte. »Was ist mit Werner los?« Ich weiß noch, wie dünn und angstvoll ihre Stimme klang.

Die Brandung brüllte, der Wind schlug uns in die Ohren, trotzdem konnten wir Werners Schreie hören. Er war weit hinausgeschwommen, viel weiter, als Elena, Bärbel und ich es gewagt hätten. Er winkte und schrie. Dann verschwand sein Kopf für unerträglich lange Zeit, schließlich sahen wir wieder seine Hand. Sein Schreien war nicht mehr zu hören. Trotzdem war uns klar, dass er keinen Spaß mit uns machte, dass er wirklich in Not war.

»Vielleicht hat er einen Krampf«, rief Bärbel aufgeregt.

»Wir müssen ihm helfen!«, schrie Uschi.

Da war Paul bereits aufgesprungen und losgelaufen.

»Bleib hier!«, brüllte Elena ihm nach, aber es war, als würde er sie nicht hören.

Paul, der Rettungsschwimmer, lief einfach weg, als sein Freund seine Hilfe dringend brauchte! Nein, das konnte ihm niemand verzeihen.

Rolf behauptete später sogar, Paul sei nicht nur ein Feigling, sondern auch ein Aufschneider und Lügner. »Das Rettungsschwimmerzeugnis ist vermutlich gefälscht! Paul hat keine Ahnung, wie man jemanden rettet, der im tiefen Wasser einen Krampf bekommt. Deswegen ist er weggelaufen!«

Ich weiß nicht, ob Paul Gelegenheit bekam, sich zu rechtfertigen. Hat überhaupt jemals wieder einer von uns mit ihm geredet? Ja, Uschi. Sie war die Einzige, die Paul glaubte.

Elena lachte sie aus, als sie behauptete, Paul hätte nicht gemerkt, dass Werner in Not war. Er sei aus anderen Gründen weggelaufen. »Ihm ist schlecht geworden«, erklärte Uschi und stellte sich demonstrativ an Pauls Seite. »Ich glaube ihm.«

Ich habe Elena nie verraten, dass ich Paul auch glaubte, und ich werde es ihr niemals gestehen. Als es Rolf gelungen war, Werner an den Strand zu ziehen, hatten wir uns ja längst geschworen, Paul die Freundschaft zu kündigen. Deshalb konnte ich ihn auch nie darum bitten, mir das Gedicht noch einmal vorzulesen. Was sollte das auch für einen Sinn haben? Uschi hätte es niemals wieder hergegeben.

Schluss jetzt mit dem tollpatschigen Paul! Vielleicht lebt er längst nicht mehr. Es wäre kein Wunder, wenn er sich beim Schmücken des Weihnachtsbaumes mit dem Lametta stranguliert hat oder während eines Heiratsantrages vom Eiffelturm gefallen ist. Wenn er überhaupt die Idee hatte, diesen romantischen Ort für einen Heiratsantrag zu wählen. Nein, nicht Paul! So etwas wäre ihm viel zu kommerziell gewesen, viel zu abgenutzt. Selbst wenn er inzwischen zu Geld gekommen ist, wird er nicht versuchen, das Glück zu kaufen. Dass er sich damals die Elvis-Tolle mit Margarine ins Haar gelte, geschah auch aus Prinzip. Die anderen redeten viel mehr als Paul über die schädlichen Auswirkungen des Kommerzes, Paul dagegen war derjenige, der tatsächlich ohne auskam. Rolf und Werner wetterten gegen die Macht des Geldes, solange sie keins hatten, und kauften sich einen Plattenspieler, sobald es möglich war. Paul war der Einzige, der wirklich ohne Konsum auskommen wollte.

Er war einer, der ein Gedicht schrieb und sich ins Gras setzte, um es seiner Angebeteten vorzulesen. Und der sich wunderte, wenn etwas schiefging.

Schluss mit den ganzen Erinnerungen! Ich weiß, ich soll mich auf die Gegenwart konzentrieren. Elena hat mir das oft genug gesagt. Obwohl – wenn ich sie heute Abend anrufe und ihr erzähle, dass ich den Tag in der Nähe der Strandsauna verbracht habe, wird sie auch sofort an die Clique denken und sagen: Weißt du noch, wie kurz unsere Minis damals waren? Meinen Eltern hatte ich zwar nur einen Rocksaum abgerungen, der zehn Zentimeter oberhalb des Knies endete, aber sobald ich ihrer Aufsicht entronnen war, krempelte ich den Rockbund zweimal um und trug dann einen genauso gewagten Mini wie Elena. Wir werden uns totlachen, wenn wir darüber reden, und Elena wird nicht aufhören, von Paul und Uschi zu sprechen, und zum soundsovielten Mal fragen, was aus ihnen geworden sein mag. Jede Wette, dass sie sich erneut Gedanken darüber machen wird, warum Paul damals Werner im Stich gelassen hat! Wir haben schon hundertmal darüber geredet, trotzdem werden wir es wieder tun. Irgendwie gehören die Erinnerungen eben auch zur Gegenwart.

4.

Paul liegt immer noch auf dem Bauch, als gäbe es etwas, was er verbergen wollte. Aber in seinem Alter hat man den Körper unter Kontrolle. Paul kann sich genauso gut aufsetzen oder auf den Rücken legen. Diesen Teil seiner Erinnerungen hat er bewältigt.

Etwa zwanzig Meter von ihm entfernt hat sich eine Frau aus dem Sand erhoben. Sie nimmt ihr Liegetuch auf, hält es in den Wind und schlägt den Sand heraus. Dann faltet sie es vor ihrem Bauch zu einem großen Viereck zusammen und verstaut es in ihrer Badetasche. Sie hat einen schönen schmiegsamen Körper, rund, nachgiebig und weiblich. Schenkel, die einen wunderbaren Schoß abgeben, ein vorgewölbter Bauch, weich und leicht zerknautscht wie ein gemütliches Kissen, Brüste, die ein Zuhause sein können. Paul mag diese reifen Frauenkörper, die aussehen, als wollten sie einen Mann satt machen.

Die Frau greift sich an den Hinterkopf, löst dort eine Spange, schüttelt ihre halblangen Haare, streicht sie nach hinten und befestigt sie wieder. Diese Geste ist ihm derart vertraut, dass sie ihm einen jähen Schmerz versetzt.

Paul fährt aus dem Sand hoch. Sophia? Ja, es gibt keinen Zweifel. Vierzig Jahre älter, aber doch unzweifelhaft Sophia! Wie sie sich bückt, um nach ihrem Slip zu greifen, wie sie ihn eilig in die Höhe zieht und dann gemächlich in ihre Shorts steigt. Wie sie den Rücken dehnt, bevor sie sich das T-Shirt über den Kopf zieht und dann mit kundigen Fingern den BH darunter schiebt und ihn ihm Rücken schließt. Jede dieser Bewegungen verrät sie.

Paul springt auf, so heftig, so unüberlegt, dass sie auf ihn aufmerksam wird. Ihre Hände, die unter dem T-Shirt den BH in die richtige Position schieben, stocken, ihr Blick wird argwöhnisch.

Augenblicklich lässt Paul sich in den Sand zurückfallen. Er kneift die Augen zusammen, damit er nichts von dem Aufruhr, der in ihm tobt, nach außen trägt, das linke genauso fest wie das rechte, greift sich an den Kopf, in dem es dröhnt, mit beiden Händen, übt links und rechts den genau gleichen Druck aus, dann an die Brust, um seinen Herzschlag zu fühlen, bedauert kurz, dass es nicht in der Mitte, sondern links schlägt, tastet schließlich über den Nabel, um zu spüren, wie er die Luft anhält … dann wirft er sich auf den Bauch. Sophia! Er hat nie gehofft, sie jemals wieder zu finden. Und nun ausgerechnet hier!

Ihr nach so vielen Jahren nackt gegenübertreten? Nein, völlig unmöglich! Genauso unmöglich wie damals. Nicht noch einmal alles aufs Spiel setzen mit nackter Haut oder mit einem Gedicht.

Er kann die Augen wieder öffnen, der Aufruhr in seinem Innern glättet sich, das Dröhnen in seinem Kopf nimmt ab, sein Herz schlägt nicht mehr zum Halse heraus, sein Atem geht wieder gleichmäßig. Vorsichtig zerteilt er das Dünengras vor seinem Gesicht. Gerade so weit, dass er Sophia sehen kann.

Sie hebt einen Ball auf, der in ihrer Nähe aufgeschlagen ist, und reicht ihn lächelnd einem Kind. Die schmale Lücke zwischen ihren Vorderzähnen gibt es nicht mehr. Was mag sich noch alles verändert haben? Ihre Haarfarbe ist intensiver geworden, vermutlich durch eine Tönung, die die grauen Strähnen verdecken soll. Ihre Bewegungen sind schwerfälliger geworden, ihre Figur ist fülliger, ihre Gesichtshaut schlaffer, die Augen sind kleiner und wissender.

Aber vieles ist auch geblieben. Der Griff an den Hinterkopf, das Lächeln mit weit geöffneten Lippen, das kleine Abwarten, bevor sie sich in Bewegung setzt, das Aufrichten des Oberkörpers während des ersten Schrittes.

Als sie ihm den Rücken zudreht, springt Paul erneut auf. Er muss sich anziehen und ihr folgen. So schnell wie möglich! Mit ihr gemeinsam auf dem Parkplatz ankommen! Warten, bis sie ihre Tasche im Kofferraum verstaut hat! Sie von hinten ansprechen, bevor sie sich hinters Steuer setzt! »Bist du es wirklich, Sophia? Was für ein Zufall!«

Ja, so wird es gehen. Anziehen, sofort anziehen! Von Sophia ist nur noch der Oberkörper zu sehen. Sie steigt bereits die Düne hinab. Schnell in die Hosen, ihr nie wieder nackt begegnen! Nie wieder! Die Haare? Verdammt, er hat keinen Spiegel dabei! Einen Kamm auch nicht. Wo ist die Unterhose? Steckt noch in den Shorts. Uschi hat sich immer darüber aufgeregt, dass er alle Kleidungsstücke auf einmal auszieht. Die Unterhose falsch herum? Egal! Sieht man ja nicht. Die Shorts auch? Verdammt, das sieht man. Also wieder herunter damit, gedreht, ein Bein hinein, auf die Tasche zuhüpfen, während das andere Bein in die Hose findet. Nein, es findet nicht, es bleibt am Hosensaum hängen. Paul fällt bäuchlings in den Sand. In dem Moment, in dem sein Kopf auf der Tasche aufschlägt, ertönt darin das Signal seines Handys.

Was ist das für ein Kerl, der mich da so auffällig mustert? Fährt in die Höhe, als hätte er Claudia Schiffer entdeckt! Unverschämt! Etwa in meinem Alter ist er. Einer, der sich zum ersten Mal in seinem Leben an den Nacktstrand traut?

Oder der es als junger Mann gewagt und die Entwicklung der folgenden Jahre nicht mitgemacht hat? In den sechziger Jahren gab es sie oft, diese Männer, die sich bäuchlings auf ihr Liegetuch legten, ein Buch vor sich im Sand, eine Sonnenbrille auf den Augen, über die sie hinwegblinzelten. Kaum zu glauben, dass man in der heutigen Zeit am Nacktstrand von neugierigen Blicken belästigt wird! Wie er jetzt das Dünengras zerteilt, um mich zu beobachten! Meint der wirklich, ich merke das nicht? Unangenehm! Anscheinend geht es so einer Frau, die ohne männliche Begleitung am Nacktstrand auftaucht. Ich hatte ja vorher keine Ahnung, wie sicher ich mich fühlen konnte an Georgs Seite. Dass er mir Schutz bot vor neugierigen Blicken, war mir nie klar.

Also hoch den Slip und das T-Shirt über den Kopf! Welche Erleichterung ein bisschen Kleidung bieten kann! Nun habe ich auch die Shorts an, und es geht mir besser. Warum guckt der Kerl immer noch? Hat er noch nie eine leicht bekleidete Frau von Mitte fünfzig gesehen? Besser, ich drehe ihm den Rücken zu, während ich den BH anziehe. Nein, den Gefallen, mein T-Shirt anzuheben, tue ich ihm nicht. Ich habe in meinem Leben so oft im Rücken meinen BH zugehakt, das kann ich blind.

Ups, ein Ball! Beinahe wäre er in meine Tasche gehüpft. Süß, der Kleine, der ein paar Meter vor mir steht und anscheinend Angst hat, mich um den Ball zu bitten. Er dreht verlegen seinen Zipfel zwischen den Fingern, dann springt er unbekümmert zurück, den Ball über dem Kopf wie eine Trophäe. Man könnte glatt neidisch werden, wenn man sieht, wie unbekümmert Kinder mit ihrer Nacktheit umgehen. Ob dieser Junge auch mal auf dem Bauch liegen wird, um heimlich eine Frau zu beobachten, die sich anzieht?

Fertig! Nichts wie weg. Der Kerl erhebt sich nun tatsächlich ebenfalls. Will er was von mir? Das kann doch nicht wahr sein! Männer in meinem Alter laufen jungen Mädchen nach, aber nicht einer gleichaltrigen Frau!

Elena schimpft immer am lautesten auf die Männer in der Midlife-Crisis, denen der Anblick eines jungen Mädchens den Verstand vernebelt. Ich hoffe, der Typ deutet meinen Blick nicht falsch. Dass er bloß nicht denkt, ich schaue zurück, weil er mich interessiert! Ich will wirklich nur wissen, ob er mir folgt. Tatsächlich macht er Anstalten, in seine Hosen zu steigen. Ich muss mich beeilen. Das fehlte noch, dass ich mich von einem Fremden anquatschen lassen muss, nur weil ich allein am Strand bin! Von wegen, jede Gelegenheit nutzen! Wenn überhaupt, werde ich einen Flirt mit Raffael Sielmann ins Auge fassen. Jetzt werde ich zusehen, dass ich so schnell wie möglich den Parkplatz erreiche. Und dann ab nach List zu Gosch!

Paul gehört zu denen, die erreichbar sein müssen. Einfach nicht ans Handy gehen, das kommt nicht in Frage. Leider gehören diejenigen, die ihn anrufen, zu denen, die ihre Nummer unterdrücken, damit sie nicht Pauls Selektion zum Opfer fallen. Er liegt noch auf dem Bauch, als er endlich sein Handy aus der Tasche gefingert hat. Erst in die linke Hand, dann in die rechte. Und wenn der rechte Daumen die grüne Taste drückt, gehört das Handy ans linke Ohr. Auch seine Telefongespräche sind symmetrisch.

»Hallo?« Paul nennt niemals seinen Namen.

»Warum klingt deine Stimme so abgehetzt? Bist du mal wieder ins Telefon gefallen, statt es ans Ohr zu nehmen, wie es andere Leute tun?«

Uschi nennt am Telefon auch nie ihren Namen. Jedenfalls dann nicht, wenn sie mit Paul telefoniert. Schließlich kennt er ihre Stimme seit gut vierzig Jahren.

Er rappelt sich hoch, klemmt sich, als er auf den Füßen steht, das Telefon in die linke Halsbeuge, damit er beide Hände frei hat, um die Shorts in die Höhe zu ziehen. Als er es geschafft hat, ist er schweißgebadet. Das Handy rutscht von seiner gut geölten Haut und landet am Boden. Vielleicht hätte er es rechtzeitig an die rechte Halsbeuge nehmen sollen, er weiß doch, wie hilfreich die Symmetrie ist. Uschis Stimme schrillt aus dem Sand, als wüsste sie, dass sie gegen die Gefahr, versehentlich verbuddelt zu werden, anschreien muss.

»Ich weiß, was du vorhast! Bist du wahnsinnig geworden? Das kannst du doch nicht machen!«

Paul klaubt das Handy aus dem Sand, schüttelt es und stellt bedauernd fest, dass es noch funktioniert. Von Sophia ist nichts mehr zu sehen, er muss sich beeilen.

»Warum sagst du nichts?«

Paul zieht sich sein T-Shirt über, Uschis Stimme wandert durch ein Armloch und kommt am Halsausschnitt wieder heraus. Er würde sie gern durch das andere Armloch zurückstecken. »Es gibt nichts zu sagen.«

Er schüttelt den Sand aus seinen Schuhen und wirft sie in die Tasche.

»Hast du vergessen, was ich alles für dich getan habe?«

»Ich kann nur noch daran denken, was du mir alles angetan hast.«

Paul knüllt das Badelaken zusammen und wirft es den Schuhen hinterher.

»Was sind das für merkwürdige Geräusche im Hintergrund?«

Paul schultert die Tasche und stapft los. »Das ist das Meer.«

»Du bist schon auf Sylt?«

»Ja.«

»Ich hätte es mir denken können.«

»Ja, das hättest du.«

Er blickt über das Dünental, als er auf der Spitze des Weges steht, der den Strand mit dem Parkplatz verbindet. Sophia ist eine winzige Gestalt, die in den nächsten Augenblicken hinter einer Biegung verschwinden wird.

»Das kannst du nicht machen, Paul!«

»Doch, ich kann.«

Uschis Stimme wird immer schwerer, er würde das Handy gern in die Tasche stecken, um schneller ausschreiten zu können.

»Du machst alles kaputt!«

Nun muss er sogar stehen bleiben. Seine Ausflüchte verhaken sich mal wieder in Uschis Forderungen, er ist in den vergangenen vierzig Jahren zu oft auf die Nase gefallen, nachdem er sich in diesem Gestrüpp verheddert hatte.

»Du hast den Rosenkrieg gewonnen, Uschi! Reicht dir das nicht? Du hast das Haus, den Jaguar, das Segelboot. Wann wirst du endlich zufrieden sein?«

»Du weißt, dass ich im Grunde immer nur eins wollte!«

Sophia ist nicht mehr zu sehen. Mit langen Schritten rutscht Paul auf der sandigen Spur die Düne hinab. Danach, auf den hölzernen Stegen, wird das Laufen leichter. Oder ... es wäre leichter geworden, wenn er seine Schritte nicht zu groß genommen hätte. Er ist noch nicht geübt im Abmessen seiner Schritte, ist einfach zu lange vorangedrängt worden, jeder Schritt so groß wie der Druck, unter dem er gemacht wurde.

Auch der kleine Junge, der nach Paul die Düne herunterkommt, wird geschoben. Von seiner Mutter, der es nicht schnell genug geht, die einen Sonnenbrand bekommen hat und ihren Sohn mit Versprechungen antreibt. »In Westerland kaufe ich dir ein großes Eis.«

Anscheinend beflügelt ihn diese Aussicht, denn der Junge überwindet den nächsten halben Meter im Sprung, rutscht aber auf dem trockenen Sand, mit dem der Holzsteg überweht ist, aus und schlittert in Pauls Fersen.

Dessen große Schritte werden jäh gestoppt. Paul hat Mühe, auf den Beinen zu bleiben. Er rudert mit den Armen, um sein Gleichgewicht nicht zu verlieren, merkt aber bald, dass er keine Chance hat. Der Sturz ist nicht mehr abzuwenden. Auch diesmal wird er sich anschließend wundern, wie viele Gedanken in den paar Augenblicken möglich sind, in denen er erkennt, dass er fallen wird.

Die Mutter des Jungen hat ihre Eile vergessen. »Haben Sie sich verletzt? Kann ich Ihnen helfen?«

Paul winkt ab. Selbst wenn er Hilfe brauchen sollte – er will keine. Nichts ist schlimmer, als freundliche Menschen neben sich zu haben, die hilflose Fragen stellen und ihn womöglich betasten, um sich der Unversehrtheit seiner Glieder zu vergewissern. Zum Glück erweist sich der Junge als ausgesprochen zimperlich, vielleicht will er aber auch nur von seiner Schuld ablenken. Jedenfalls heult er los und beschäftigt mit seinem Wehklagen seine Mutter so lange, bis Paul aufgestanden ist. Er schafft es sogar, seinen Unfallgegner mit gutem Beispiel zu demütigen.

»Sieh mal, wie tapfer der Mann ist!«

Paul ist wirklich tapfer. Im Nu steht er wieder auf seinen Beinen, hat seine Tasche aufgehoben, alles zurückgestopft, was herausgerutscht ist, und ein, zwei vorsichtige Hüpfer gemacht, die ihn vor jeglichem Übermut warnen. Bei den nächsten Schritten ist er auf der Hut. Wie soll er Sophia einholen, wenn sein linker Fuß die ganze Last zu tragen hat, weil sein rechter nur minimal belastet werden kann?

»Ihr Handy!«, ruft die Frau und reicht ihm Uschis Stimme, die den Sturz, wie zu erwarten, ohne Schaden überstanden hat. Uschi ist eben unverwüstlich.

»Paul! Paul!«, schreit es in seiner Hand. »Was ist passiert? Himmel, wenn man nicht ständig auf dich aufpasst!«

Während Paul weiterhumpelt, nimmt er das Handy ans Ohr. Und dann sagt er etwas, was noch nie über seine Lippen gekommen ist. Nicht einmal, als er zu den Jugendlichen gehörte, die sich damit sowohl von ihrer Kindheit als auch von den Erwachsenen distanzieren wollten. Er sagt es, obwohl er Menschen verabscheut, die sich dermaßen gehen lassen. Er sagt es, obwohl es nicht zu ihm passt, und begreift in dieser Sekunde, dass es Augenblicke gibt, in denen so etwas Schreckliches gesagt werden muss. Vielleicht hätte er es schon früher sagen sollen. Die Erleichterung, die er empfindet, ist größer, als er je für möglich gehalten hat. Nie hätte er gedacht, dass es genau richtig sein kann, etwas so Falsches zu sagen. Dass viele richtige Worte nicht so richtig sein können wie vier falsche.

»Leck mich am Arsch!«

Stille rauscht an sein Ohr. Im Nachhall dieser ungeheuerlichen vier Wörter scheint es nichts als Schweigen zu geben. Ist die Freiheit still? Ja, so muss es sein. Und bevor sie sich wieder Uschis Stimme und vielen unangenehmen Sätzen zugesellen kann, nimmt Paul das Handy und wirft es so hoch und so weit wie möglich in die Dünen. Er starrt die Stelle an, wo es aufgeschlagen ist, und würde die vier Worte am liebsten hinterher rufen. Aber so weit will er es dann doch nicht treiben.

Elena würde es nicht glauben, wen ich treffe, als ich in List bei Gosch ankomme, noch bevor ich mir Matjes mit Bratkartoffeln und einer Extraportion Zwiebeln bestellt habe. Obwohl sie einen siebten Sinn für das hat, was sie immer so schnell die Liebe nennt. Natürlich kann von Liebe überhaupt keine Rede sein, aber als er plötzlich neben meinem Tisch steht und fragt, ob er sich zu mir setzen darf, bin ich mit einem Schlage ziemlich unruhig.

»Natürlich gern«, sage ich und halte nach Johnny Gefron Ausschau. Zum Glück sehe ich ihn nicht. »Sie sind allein hier?«

Raffael Sielmann nickt. »Tonia ist gerade auf Sylt angekommen. Ich glaube, sie hat mit ihrem Mann mal wieder ein Hühnchen zu rupfen. Da habe ich mich aus dem Staube gemacht.«

Er sieht mich an, als wolle er mir sagen, dass er sich niemals von einer Frau derart abhängig machen würde, wie Johnny Gefron es tun muss. Und ich blicke genauso selbstbewusst zurück, um ihm zu sagen, dass auch mir ein eigenständiges Leben über alles geht. Dass diese Lebensauffassung noch nicht alt ist, muss er ja nicht wissen.

Elena würde jetzt einen handfesten Flirt mit ihm beginnen, aber ich kann das nicht. Wahrscheinlich war ich zu lange verheiratet, die Kunst des Flirtens ist mir abhanden gekommen. Ich weiß auch gar nicht, ob ich mit Raffael Sielmann flirten will. Er sieht gut aus, keine Frage, er ist sympathisch, und dass er mir gefallen will, ist nicht zu übersehen. Aber Elena und ich, wir haben ja in unserer Jugend noch gelernt, dass es dem Ansehen schadet, wenn man zur leichten Beute wird. Ich weiß, sie hat diese alten Hüte längst über Bord geworfen, aber ich bin altmodisch. Ich will mich erobern lassen. Wenn ich Raffael Sielmann der Mühe wert bin, werde ich die Möglichkeit ins Auge fassen, mit ihm einen Flirt zu beginnen, nur dann. Wenn ich Elena glauben soll, muss ich ja auch endlich am eigenen Leibe erfahren, was ein One-Night-Stand ist. Mal sehen, ob ich diese Erfahrung wirklich machen will. Sicher bin ich mir nicht. Und solange ich das nicht bin, rede ich mit Raffael Sielmann wie mit jedem anderen Mann, der mit mir zusammen einen Imbiss einnimmt.

Wir haben auf der Terrasse des Lister Fischhauses, wie die nördlichste Fischbude Deutschlands nun offiziell heißt, Platz genommen, unter großen Sonnenschirmen, an der

Peripherie eines schwachen, aber kühlen Lufthauchs. Die Sonne senkt sich bereits über die mehrstöckigen Mietshäuser auf der anderen Seite des Parkplatzes.

»Es könnte heute einen schönen Sonnenuntergang geben«, meint Raffael Sielmann. »Der Himmel ist wunderbar klar.«

Ich hätte ihm verraten können, dass ich fast jeden Abend zur Zeit des Sonnenuntergangs zum Wenningstedter Strand fahre. Elena würde es erwähnen, damit er weiß, wo er sie findet, wenn er mit ihr zusammen den Sonnenuntergang betrachten möchte. Ich kann so was nicht, er würde mich sofort durchschauen. Außerdem weiß ich gar nicht, ob ich mit Raffael Sielmann zusammen dem Sonnenuntergang zusehen will. Eigentlich genieße ich dann das Alleinsein. Meist stelle ich mich an einen der Stehtische vor Gosch am Kliff oder auf die Terrasse des Kliffkiekers und trinke einen Prossecco. Manchmal gehe ich auch mit dem Glas in der Hand die Treppe zum Strand hinab, wo es ruhiger ist. Dort sitzen die Leute im Sand, die die Sonne untergehen sehen wollen, und nicht die, die vor allem darüber reden möchten. Am schlimmsten sind jene, die in Westerland in der Nähe der Konzertmuschel sitzen und applaudieren, wenn die Sonne im Meer versunken ist.

Hatte ich nicht gesagt, ich will mit Raffael Sielmann reden wie mit jedem x-beliebigen Nachbarn? »Wird Tonia länger bleiben?«, frage ich und sehe zu, wie die Kellnerin zwei fette, glänzende Matjesfilets serviert. Den Champagner, den Raffael Sielmann vorschlägt, lehne ich nicht ab.

Er schüttelt den Kopf, als die Kellnerin gegangen ist.

»Übermorgen fliegt sie wieder zurück.«

»Also ist sie nur gekommen, um mit ihrem Mann ein Hühnchen zu rupfen?«

Wieder geht dieses Lächeln über sein Gesicht, das einer aufmerksamen Frau die Illusion nehmen muss, dass er ein Mann fürs Leben ist, das ihn aber dennoch sehr anziehend macht.

Oder gerade deshalb? Er hat hellgraue Augen, die von dichten, dunklen Wimpern gerahmt werden, um die ihn manche Frau beneiden wird. Sein Gesicht ist hager, das Lächeln zeichnet viele senkrechte Linien hinein. »Sie ist wegen der Lesung gekommen. Sie haben sicherlich davon gehört, dass David Davidson morgen in Westerland sein neues Buch vorstellt?«

Ich sehe ihn überrascht an. »Sind Sie sicher? Davidson hat sich noch nie einem Publikum gestellt.«

Raffael Sielmann blickt auf seine Hände, während er antwortet: »Morgen wird er es tun. Tonia will natürlich dabei sein. Schließlich ist Davidson der erfolgreichste Autor des Gefron-Verlages.«

Ich greife in meine Badetasche und ziehe das Buch hervor, in dem ich am Strand gelesen habe. »Ich mag Davidson. Seine Sprache fesselt mich. Ich …« Wieder fällt mir nur diese eine Formulierung ein. »Ich fühle mich zu Hause, wenn ich Davidson lese.«

Raffael Sielmann blickt mich an, als hätte ich ihm ein Kompliment gemacht. »Eine schöne Erklärung. Davidson würde sich freuen, wenn er sie zu hören bekäme.«

»Warum glauben Sie das?«

Er sieht erstaunt aus. »Jeder Schriftsteller freut sich, wenn das, was er schreibt, gern gelesen wird.«

»Ja, natürlich.«

Wir widmen uns jetzt den Matjesfilets und prosten uns zu, als die Kellnerin den Champagner serviert hat. Mir gefällt es, dass die Stille, die nun entsteht, uns nicht trennt. Wir genießen beide die Aussicht über den Hafen, auf die Alte Bootshalle, über den Platz, auf dem von der Hitze ermattete Touristen sitzen und schlendern, genießen unser Lächeln und die Blicke, mit denen wir uns betrachten. Ein Gespräch drückt oft weniger aus als eine Zeit des Schweigens. Ich weiß, dass ich mit einem Menschen gut reden kann, wenn ich mit ihm auch gut schweigen kann.

Raffael Sielmanns Stimme ist leise, als täte es ihm leid, unser Schweigen zu brechen. »Werden Sie auch morgen Abend kommen?«

»Wenn es noch Karten gibt.«

Er zuckt die Achseln. »Wenn nicht, werde ich Johnny fragen. Er wird dafür sorgen können, dass Sie auch ohne Eintrittskarte eingelassen werden.« Wieder schenkt er mir dieses längs gestreifte Lächeln, und ich freue mich darüber, dass alle Linien in seinem Gesicht nach oben führen. Sein Lächeln strahlt, es ist jungenhaft und vergnügt, es hat nichts Gönnerhaftes, nichts Stolzes. Es zeigt zur Sonne. »Ich habe ja auch keine Eintrittskarte.«

»Sie sind Autor des Gefron-Verlages«, erinnere ich ihn. »Das ist etwas anderes. Morgen früh werde ich mir übrigens ein Buch von Ihnen kaufen.«

»Die Badebuchhandlung auf der Friedrichstraße führt all

meine Bücher«, sagt Raffael Sielmann. »Dort bekommen Sie auch die Eintrittskarten für die Davidson-Lesung. Die Badebuchhandlung ist der Veranstalter der Lesung.«

Diese Information verblüfft mich. »So eine kleine Buchhandlung?«

Sielmann zuckt die Achseln. »Davidson wollte es so. Er war es auch, der unbedingt auf Sylt lesen wollte. Wenn schon, dann auf Sylt, hat er gesagt.«

»Woher wissen Sie das?«

»Tonia hat es mir erzählt. Er hat anscheinend schöne Erinnerungen an Sylt.«

»Dann kennen Sie sicherlich auch Davidsons richtigen Namen?«

Raffael Sielmann nickt, und jetzt gesellt sich den Linien in seinem Gesicht ein spitzbübischer Ausdruck hinzu. Er wird mir immer sympathischer. »Aber ich werde ihn nicht verraten. Tonia würde mich umbringen. Bis morgen Abend sind meine Lippen versiegelt.«

»Waren Sie früher schon mal auf Sylt?«

Jetzt fliegt noch ein Schatten der Sentimentalität über seine Miene. Oh, ich glaube, ich bin auf dem besten Wege, mich zu verlieben!

»Aber ja! Ich habe als Kind und als Jugendlicher alle Ferien hier verbracht. Meine Patentante lebte hier. Als sie starb, habe ich es nicht über mich gebracht, noch einmal nach Sylt zu fahren.«

»Jetzt haben Sie es über sich gebracht.«

Raffael Sielmann schneidet ein besonders großes Stück von dem Matjesfilet ab und schiebt es sich in den Mund. Er hat seine liebe Mühe mit dem fetten Bissen, reden kann er erst, als er ihn bewältigt hat.

Aber ich kann mir denken, was er mir sagen will. »Irgendwann muss man sich gegen die Erinnerungen durchsetzen, stimmt's?«

Nun kann er antworten, währenddessen wickelt er einen Zwiebelring um seine Gabel. »Außerdem war ich reif für die Insel. Als Johnny und Tonia mir anboten, in ihrem Haus zu arbeiten, konnte ich nicht widerstehen.«

Der Parkplatz liegt still und ruhig da. Es steht nur ein Dutzend Autos dort. Zwei auf der einen, alle anderen auf der gegenüberliegenden Seite, ein unsymmetrisches, ein hässliches Bild. Über ihnen flirrt die Hitze, eine hauchdünne Sandschicht klebt auf den Kühlerhauben, die Scheiben werden blind sein, wenn die Fahrzeugbesitzer vom Strand zurückkehren.

Pauls Augen wandern von einem Wagen zum anderen, aber die Stille, die über dem Parkplatz steht, ist Beweis genug. Er ist zu spät gekommen. Wie vor vierzig Jahren! Als er zurückkehrte, wurde Werner gerade in den Krankenwagen geschoben. Er war ohne Bewusstsein, zu lange hatte er gegen den Krampf angeschrien, war untergegangen, wieder aufgetaucht, erneut untergegangen ... Rolf hatte ihn im allerletzten Moment zu packen bekommen und an Land ziehen können.

Was geschehen war, erfuhr Paul erst später. Mit ihm redete ja niemand mehr. Die anderen bauten einen riesigen Wall der Schuld vor ihm auf, über den er nicht hinwegblicken konnte.

»Nichts gemerkt? Dass ich nicht lache!«

»Feige bist du! Feige!«

»Wie kann man einen Kumpel nur so hängen lassen!«

Lediglich Uschi griff nach seiner Hand und hielt sie fest. Sie blieb an seiner Seite, wenn sie ihn auch nicht verteidigte. Paul war nach vierzig Jahren noch immer nicht den Verdacht los, dass sie ihn genauso für schuldig hielt wie die anderen, dass sie nur bereit war, ihm seine Schuld zu vergeben.

5.

Tonia Gefron ist eine kleine, drahtige Person. Sie sieht aus, als fände sie selten Zeit zum Essen und als gäbe sie den Kalorien, die sie zu sich nimmt, keine Gelegenheit, sich in Fett zu verwandeln. Tonia ist ständig in Bewegung, immer mit irgendeiner Arbeit beschäftigt, unfähig zur Muße, immerfort in Eile. Wenn sie eine Arbeit zur Seite legt, dann nur, um ihrem Mann vorzuhalten, was er nicht erledigt hat, was sie statt seiner erledigt hat, dass sie tagtäglich doppelt und dreimal so viel erledigt wie er und sich fragt, wofür sie eigentlich sein horrendes Gehalt zahlt.

Jetzt hat sie sich die Beete vorgenommen, die sie vor Jahren in der Nähe des Zauns angelegt hat, der unsere Grundstücke trennt. Ich höre es knacken und rascheln, die niedrigen Büsche bewegen sich, manchmal ist eine Hand zu sehen, gelegentlich Tonias Haarschopf oder ihr Rücken. Unkrautstängel fliegen in den gelben Eimer, der neben ihr steht, häufig auch über ihn hinaus. Im Hintergrund sehe ich Johnny Gefron durch den Garten wandern, trockene Blätter abzupfen, in die Bäume blicken und die zu erwartende Apfelernte schätzen. So wird er später sagen können, dass er sich an der Gartenarbeit beteiligt hat.

Raffael Sielmann betritt die Terrasse, ein Laptop unter dem Arm. Er sieht sich um, zögert und geht dann zu einer zierlichen weißen Sitzgruppe, die Tonia im Schatten eines alten Baumes aufgestellt hat. Er klappt seinen Laptop auf, ohne sich umzusehen. Wahrscheinlich hofft er, unbehelligt zu bleiben, wenn er seine Gastgeber ebenfalls nicht behelligt. Schade! Ein Blick von ihm hätte mir gefallen, ein kleines Zwinkern, das nur ich sehen kann, ein flaches Geheimnis, das zwischen Zeigefinger und Daumen passt und sich von den Fingerkuppen zerdrücken lassen kann.

Tonias Kopf erscheint über den Büschen. Sie streicht mit dem schmutzigen Handrücken die Haarsträhne zur Seite, die über ihr rechtes Auge fällt, und hinterlässt eine dunkle Spur auf ihrer Stirn. Es gibt vieles, was ich an Tonias Gefron bewundere, ihre Kraft, ihr Durchsetzungsvermögen, ihren eisernen Willen, ihren beruflichen Erfolg und die Gelassenheit, mit der sie ihren Mann erträgt. Am meisten aber bewundere ich die Geduld mit ihrer Haarsträhne. Tonia trägt ihr leicht gewelltes Haar kinnlang und seitlich gescheitelt. Auf der linken Seite ihres Kopfes ist alles in praktischer Ordnung, aber auf der rechten gibt es diese Haarsträhne, die zu kurz ist, um hinters Ohr gestrichen zu werden, und zu lang, um sich um Tonias Gesicht zu schmiegen. Sie fällt über ihr rechtes Auge, hundertmal, tausendmal am Tage, und wird hundert- oder tausendmal zurückgestrichen.

Trotzdem verbringt Tonia Gefron den größten Teil des Tages als Einäugige.

Ich kenne sie nicht besonders gut, habe noch nie ein längeres Gespräch mit ihr geführt. Wir grüßen uns, wenn wir uns sehen, rufen uns über den Gartenzaun etwas Freundliches zu und würden beide erklären, wenn wir gefragt würden, dass wir uns gut verstehen. Dass diese Behauptung nie überprüft werden konnte, liegt daran, dass Tonia immer in Eile ist, dass ihre Haarsträhne dafür sorgt, dass sie mich nicht sieht und ich nichts tue, um auf mich aufmerksam zu machen. Wir sind für ein paar Wochen des Jahres Nachbarn, das genügt.

»War das eine Hitze heute!«, ruft sie herüber und verschwindet schon wieder kopfüber zwischen den Büschen. Ihr knöcherner Hintern wippt über den Zweigen in dem Rhythmus, in dem ihre Hände in der Erde wühlen.

Es ist das erste Mal, dass ich auf den Zaun zugehe, ohne dass die Höflichkeit es erfordert. »Hallo, Tonia! Warum gönnen Sie sich nicht ein paar schöne Stunden im Schatten? Sie müssen doch auch mal abschalten.«

Tonia Gefron fährt in die Höhe, als hätte ich sie beleidigt. Empört sieht sie mich mit dem linken Auge an. »Abschalten? Ich soll mich in einen Liegestuhl flegeln und dem Unkraut dabei zusehen, wie es sich hier ausbreitet?«

»Aber Sie haben doch als Verlegerin genug zu tun. Um den Garten könnte sich auch ...«

»... mein Mann kümmern?« Tonias Gummihandschuhe sind voller Gartenerde, deswegen versucht sie es mit einer neuen Variante: Sie schiebt die Unterlippe vor und pustet ihre Haarsträhne in die Höhe. Der Erfolg ist mäßig. Ein paar Sekunden hat sie zwar freie Sicht, dann fällt die Strähne schon über ihr rechtes Auge zurück. »Bis der auf die Idee kommt, etwas zu tun, habe ich es längst erledigt.«

Das glaube ich ihr aufs Wort. Das Tempo, mit dem sie zwischen den Büschen herumhackt, ist wirklich bemerkenswert. Wieder sehe ich nur ihren Rücken. Aber darüber darf ich mich nicht beklagen. Tonia kann wirklich nicht damit rechnen, dass ich heute ein längeres Gespräch mit ihr führen will.

»Ihr Mann hat ja nun Unterstützung!«, füge ich listig an und sehe zu Raffael Sielmann hinüber, der den Blick nicht von seinem Laptop nimmt. Ich bin sehr zufrieden mit mir. Habe ich das Gespräch nicht geschickt in die Richtung gelenkt, in der ich es haben will? Elena hätte das nicht besser hingekriegt!

Tonia Gefron fährt erneut in die Höhe, und diesmal vergisst sie die Gartenerde an ihren Gummihandschuhen. Als ihre Haarsträhne für ein paar Augenblicke hinter dem Ohr sitzt, sieht sie aus wie ein Bergarbeiter, der stundenlang unter Tage geschuftet hat. »Raffael soll meinen Mann nicht bei der Gartenarbeit unterstützen, sondern seinen Roman zu Ende schreiben. Ich will ihn im nächsten Frühjahrsprogramm haben. Aber bei dem Stress, den er mit seiner Frau hat, bringt er zu Hause kein vernünftiges Wort zu Papier.«

»Er ist verheiratet?« Ich merke kaum, dass ich nun sehr dicht am Zaun stehe und die Hände auf seine Spitzen lege.

Tonia, die schon wieder zwischen den Büschen verschwunden ist, scheint endlich zu merken, dass ich nicht abzuschütteln bin. Sie taucht wieder auf, lässt die Haarsträhne diesmal mittels einer heftigen, weit ausholenden Kopfbewegung verschwinden und nimmt zu meiner Freude eine bequeme Körperhaltung ein. »Rosi ist selber schuld«, sagt sie, »wenn Raffael es nicht bei ihr aushält. Eifersüchtige Frauen sind unerträglich.«

Das hat Georg auch einmal zu mir gesagt. Und Elena hat ihm sogar recht gegeben. Nie zuvor hat sie sich mit Georg gegen mich verbündet, aber als ich auf die junge Frau eifersüchtig war, hat sie mich angebrüllt, ich solle nicht jammern, sondern handeln. Ich hab's ja auch getan, ich habe gehandelt. Das Ergebnis steht hinter mir: ein eigenes Ferienhaus auf Sylt!

Trotzdem gefällt mir das Thema nicht. »Was ich eigentlich sagen wollte, Tonia ... Ich habe gehört, dass David Davidson nicht länger der ›Autor ohne Gesicht‹ sein will. Herzlichen Glückwunsch! Das wird bestimmt viel Aufsehen erregen.«

Tonia wirft die kurzstielige Hacke in den gelben Eimer, der zur Hälfte mit Unkraut gefüllt ist. »Todsicher«, sagt sie zufrieden. »Die Presse rennt mir seit Tagen die Bude ein. Seit der Verlag bekanntgegeben hat, dass Davidson endlich sein Inkognito lüften will. Schade, dass er nicht mit einer langen Werbekampagne einverstanden war, dann hätte ich die Sache noch größer aufziehen können. Aber er wollte den Rahmen so klein wie möglich halten.« Tonia lacht in so kurzen Stößen, als wollte sie sich die Zeit zum Lachen eigentlich nicht nehmen. »Kleiner Rahmen! Wie er sich das vorstellt! Es wird trotzdem einen großen Rummel geben.«

Sie schüttelt den Kopf und greift sich verwundert an die Stirn, von der sich die mittlerweile getrocknete Gartenerde gelöst hat und herabrieselt. »Er wird anschließend bekannt sein wie ein bunter Hund, und die Verkaufszahlen werden gigantisch!«

»Was ist er eigentlich für ein Typ?« Ich frage so leutselig, als könnte ich glauben, dass Tonia darauf hereinfällt.

Natürlich tut sie es nicht. Ihr linkes Auge blitzt mich spöttisch an. »Sie werden es morgen Abend ja sehen. Um acht im Alten Kursaal in Westerland.«

Glaubt sie etwa, ich ließe mich von ihr zur Neugierigen stempeln? Da ist sie aber schiefgewickelt! Ein gleichgültiges Schulterzucken, mehr bekommt sie von mir nicht zu sehen. »Ist er wenigstens ein attraktiver Typ?«, frage ich, als interessierte mich ihre Antwort nur am Rande.

Tonia lächelt geheimnisvoll. »Sie können sich auf ihn freuen. Groß, schlank, dunkelhaarig, gut aussehend! Auch im Alter ist er genau richtig für uns.«

Für uns? Ich danke ihr mit einem Lächeln, das nicht ganz so gleichgültig ausfällt, wie es sollte. Schließlich weiß ich, dass Tonia Gefron mindestens fünf Jahre jünger ist als ich.

»Jetzt muss ich aber …« Tonia hat sich für ihren Geschmack viel zu lange einem Gespräch gewidmet, das sie beruflich nicht weiterbringt und später auf keiner To-do-Liste abgehakt werden kann. Sie streicht sich ein letztes Mal die Haarsträhne aus dem Gesicht, greift nach dem Eimer und geht zu ihrem Mann, der sich gerade über Raffael Sielmanns Arbeit beugt. Ich höre ihre wütende Stimme, als sie Johnny darauf hinweist, dass sein Lektorat nicht erwünscht ist. Dann läuft sie ins Haus, wo sich mit großer Wahrscheinlichkeit weitere unerledigte Arbeit finden wird.

Raffael Sielmann hebt den Kopf und lächelt mich an. Beschwingt ziehe ich einen der großen Korbsessel auf den Rasen, um dort die letzte Abendsonne zu genießen, wo ich dem Autor bei seiner Arbeit zusehen kann. Ja, ich muss es zugeben. Raffael Sielmann interessiert mich.

Paul tritt aus dem Hotel und sieht sich aufatmend um. Die Hitze ist am vergangenen Abend in Bewegung geraten, von einem frischen Wind aufgefächert worden. Dann setzte Regen ein, der bis in die frühen Morgenstunden anhielt. Nun sieht die Insel aus wie frisch gewaschen, und die Sonne kommt hervor, um alles zu trocknen.

Paul springt über eine Pfütze, dann läuft er in der Mitte der Strandstraße, wo es trocken ist, zum Meer. Viele Strandkörbe stehen verlassen da, erst ganz allmählich wächst das Vertrauen in einen schönen Tag wieder heran.

Er geht die Uferpromenade entlang, achtet darauf, dass sein rechter Fuß mitten auf den Bodenplatten landet und sein linker stets auf einer Fuge. Am Ausgang Friedrichstraße läuft er wieder in die Stadt hinein. Es ist kurz vor elf, der Touristenstrom verdichtet sich. Paul hält die Augen offen. Er betrachtet Person für Person die Schlange, die sich vor dem Eisstand gebildet hat, stellt zufrieden fest, dass die Summe der Wartenden eine gerade Zahl bildet, bleibt eine Weile vor Leysieffer stehen und lässt den Blick über die Tische wandern, die sich jeder Symmetrie entziehen, sieht durch das Schaufenster jeder Boutique und betrachtet die

Kundinnen im Verkaufsraum. Er spürt, dass die altbekannte Depression wieder in ihm heranwächst. Diese Schwäche, die Hilflosigkeit, die Willenslähmung. Jetzt nur nicht kapitulieren! Er braucht seine ganze Kraft für das, was er vorhat.

Gut, dass die Hitze ein Ende hat! Der Regen der vergangenen Nacht hat gut getan. Herrlich, diese frische Luft! Kalt in den Spitzen des Windes, aber noch warm auf seinen Schwingen. Besser, ich nehme eine dünne Jacke mit, die ich in den windstillen Ecken schnell ablegen kann.

Sind alle Türen verschlossen? Zu dumm, dass ich in der Nacht das kleine Fenster der Speisekammer vergessen habe! In der Kiste mit den Mineralwasserflaschen steht das Wasser, und die Kartoffeln musste ich heute Morgen zum Trocknen in die Sonne legen. Georg wäre so was nicht passiert. Aber zum Glück kann er auch nicht die Augen zum Himmel drehen und mich behandeln wie ein dummes Gör, das nicht mit einem nächtlichen Gewitter rechnet.

Ich glaube, ich nehme doch die dickere Jacke. Denn natürlich werde ich auch heute offen fahren. Wozu habe ich ein Cabrio?

Ist auch die Terrassentür verschlossen? Besser, ich schaue noch mal nach. Von Raffael Sielmann ist nichts zu sehen. Ruhe zum Arbeiten wird er erst haben, wenn die Gefrons wieder abgereist sind. Tonia rennt bereits mit einem Lappen durch den Garten und wischt alle Stühle trocken. Sicherlich hat sie auch ihre Yoga-Übungen längst absolviert und ist schon zum Bäcker nach Wenningstedt gejoggt, während ihr Mann noch auf der faulen Haut lag.

Georg ließ es morgens auch gern langsam angehen. Vor elf kamen wir nie in Westerland an, wenn wir zusammen einkaufen wollten. Aber das ist ja zum Glück vorbei. In diesem Sommer kann ich aufstehen, kaum dass ich aufgewacht bin. Georg beschwerte sich immer bitterlich, wenn ich im Bad oder in der Küche rumorte, solange er noch schlafen wollte. Also musste ich neben ihm liegen bleiben, bis er mir mit einem Blinzeln zu verstehen gab, dass es ihn nicht stören würde, wenn ich mich nun erhob und das Frühstück zubereitete. Trotzdem musste ich dann noch eine Weile mit hungrigem Magen darauf warten, dass er in der Küche erschien. Nur einen Kaffee habe ich vorher immer schon heimlich getrunken. Aus einem alten Kaffeebecher, der, wenn Georg am Frühstückstisch erschien, verstohlen in die Spüle wanderte. Georg konnte es nicht leiden, wenn mein Teller bereits überkrümelt war und meine Tasse einen dunklen Grund hatte.

Habe ich das Schlafzimmerfenster nach dem Lüften wieder geschlossen? Und die Gardinen zugezogen, damit niemand die wertvolle Ikone über der Kommode sieht, die zum Einbrechen geradezu einlädt? Ich möchte wissen, warum Georg die Ikone nicht mitgenommen hat. Mir hat sie nie gefallen. Wahrscheinlich steht die junge Frau auch nicht auf Ikonen. Ob sie Georg das Frühstück macht und dann so geduldig auf ihn wartet wie ich?

Herrlich, der Fahrtwind in meinen Haaren! Elena hatte wirklich recht, als sie mir zuredete, ein Cabrio zu kaufen. Auf dem Weg von Braderup nach Westerland macht mich der Wind so frei, als hätte ich die Strecke über den Wolken zurückgelegt. Hoffentlich bekomme ich noch eine Karte für Davidsons Lesung! Es wäre mir nicht angenehm, die Gefrons darum bitten zu müssen. Erst recht nicht Johnny Gefron. Der soll meinetwegen Georg einen Porsche besorgen, aber bitte nicht mir eine Eintrittskarte!

Gegenüber der Badebuchhandlung steht ein Mann, groß, schlank, dunkelhaarig, attraktiv. Paul wendet sich erschrokken ab und starrt in ein Schaufenster, in dem der Mann sich spiegelt. Raffael Sielmann? Tatsächlich! Er steht da wie ein gelangweilter Tourist, der sich fragt, ob das Wetter gut genug ist, um zum Strand zu gehen. Was macht der Kerl auf Sylt? Jeder weiß zwar, dass er eine besondere Beziehung zu der Insel hat, aber auch, dass er hier nicht gern gesehen wird. Seit er diesen unsäglichen Zukunftsroman geschrieben hat, in dem Sylt ein Opfer seiner erfolgreichsten Geschäftsleute und Investoren wird! Die Sylter Touristikbranche hätte »Stürmische Flut« am liebsten auf den Index setzen lassen. Erst recht, als Raffael Sielmann behauptete, die Idee sei wahren Begebenheiten entsprungen. Seine Patentante habe Haus und Hof an skrupellose Investoren und Geschäftsmänner verloren, die ihr Versprechungen gemacht hatten, die später nicht eingehalten wurden. Als sie das erkannt hatte, war sie ins Watt gegangen, und Raffael Sielmann hatte seiner Trauer um sie in dem Pamphlet Luft gemacht, in dem aus der ganzen Insel ein Sündenpfuhl geworden war.

Paul erinnert sich genau, dass er in einer Zeitung gelesen hat, Raffael Sielmann wolle nie wieder einen Fuß auf die Insel setzen. Was also macht er hier?

Paul dreht sich zurück, schlendert unauffällig weiter und sorgt dafür, dass er Sielmanns Gestalt nicht aus den Augenwinkeln verliert. Der steht da und starrt das Schaufenster der Badebuchhandlung an. Warum?

Paul spaziert durch sein Blickfeld, aber Sielmann reagiert nicht. Soll Paul sich ärgern oder froh darüber sein? Er geht zu dem Hotdog-Stand, der vor dem Kaufhaus Jensen aufgebaut ist, dort dreht er sich um. Raffael Sielmann steht immer noch da. Für Paul hat er keinen Blick. Eigentlich kein Wunder. Nachdem die beiden einander vorgestellt worden waren, haben sie sich nur ein einziges Mal gesehen. Und das ist viele Jahre her!

Paul hat nur eins seiner Bücher gelesen: Sielmanns Abrechnung mit Sylt. Das war zu der Zeit, als er ihn hasste, weil Uschi sich in ihn verliebt hatte. Es war nicht ihre erste Affäre, aber die erste, die bedrohlich für ihre Ehe war. Zum Glück hat Sielmanns Frau der Sache schnell ein Ende gemacht. Rosi war ja eifersüchtig wie keine zweite. Seitdem gibt es keinen Hass mehr in Paul. Aber von Sympathie kann nach wie vor keine Rede sein.

Der Buchhändler sieht mich durch seine winzigen Brillengläser freundlich an. »Eigentlich ist die Lesung ausverkauft. Aber gerade ist eine Karte zurückgegeben worden. Von einem Kunden, der früher seinen Urlaub abbrechen musste, weil die Schwiegermutter krank geworden ist.«

Was für ein Glück! »Wissen Sie, warum David Davidson nicht mehr der ›Autor ohne Gesicht‹ sein will?«

Der Buchhändler schüttelt den Kopf, ohne sein Lächeln

zu verlieren. »Ich weiß nicht einmal, warum ich der Veranstalter dieser Lesung sein darf.«

»Wollen Sie damit sagen, dass Sie David Davidson nicht kennen?« Natürlich glaube ich ihm kein Wort.

Das Lächeln des Buchhändlers wird prompt geheimnisvoll. »Noch nicht!«, antwortet er und betont das erste Wort nachdrücklich. »Aber er wird gleich zu mir kommen für ein Vorgespräch.« Anscheinend durchschaut er auf der Stelle, welche Gedanken hinter meiner Stirn rasen. »Machen Sie sich keine Hoffnungen! Er wird nicht durch die Ladentür hereinkommen.«

Voll erwischt! Aber das lasse ich mir natürlich nicht anmerken. So desinteressiert wie möglich betrachte ich die Sylt-Literatur. »Dann wissen Sie vermutlich auch nicht, warum er ausgerechnet auf Sylt sein Inkognito aufgibt?«

Der Buchhändler schüttelt den Kopf. »Aber ich werde ihn danach fragen. Vielleicht verrät er mir dann auch, warum ausgerechnet ich die Eintrittskarten verkaufen und den Büchertisch machen darf.«

Der gute Mann ist richtig aufgekratzt. Vielleicht wird sich in wenigen Minuten herausstellen, dass David Davidson sein Cousin oder ein früherer Mitschüler ist? Mir scheint, dass der Buchhändler sich ähnliche Gedanken macht. Ich kann verstehen, dass diese Lesung zu den Höhepunkten seines Buchhändlerlebens zählt.

Trotzdem behalte ich meine aufgesetzte Gemütsruhe bei. »Ich hätte gern einen Roman von Raffael Sielmann. Und natürlich das neueste Buch von David Davidson. Ich hoffe, er wird es mir heute Abend signieren.«

Der Buchhändler schiebt sich durch die Kunden in den hinteren Teil seines Ladens, ich versuche ihm zu folgen. Vor dem Regal mit den Kinderbüchern findet sich das Science-Fiction- und Fantasy-Angebot. »›Stürmische Flut‹ führe ich nicht. Aus Prinzip! Es wird auch selten verlangt. Wer auf Sylt wohnt oder Urlaub macht, will nichts davon lesen, wie korrupt die Sylter Gesellschaft angeblich in einigen Jahren sein wird und wie geldgierig die Kaufmannschaft der Insel.«

Ich nehme ein Buch zur Hand, das er mir hinhält. »›Windräder‹. Das ist sein bestes.«

Ich versuche sein Lächeln zu ergründen, das nun durch und durch geschäftsmäßig ist. »Sie scheinen nicht viel von Raffael Sielmann zu halten?«

Er zuckt die Schultern. »Ich bin kein Freund von Zukunftsromanen. An Sielmann stört mich, dass er Davidson zu imitieren versucht. Seine knappe Sprache und seine ungewöhnlichen Sprachbilder. Außerdem greift auch Sielmann gern auf Erinnerungen aus den sechziger Jahren zurück, genau wie Davidson. Er ist mir nicht authentisch genug. Aber vielleicht bin ich auch voreingenommen. Ich kenne ihn noch aus der Zeit, in der er auf Sylt seine Patentante besuchte. Schon damals hat er davon geträumt, Schriftsteller zu werden.«

»Wirklich?« Es fällt mir schwer, mir Raffael Sielmann als Heranwachsenden vorzustellen, der verwegenen Träumen nachhängt. Warum eigentlich? Weil er mir so zielstrebig erscheint? Vielleicht auch, weil ich glaube, dass Träumer keine Zukunftsromane schreiben.

»Okay, ich nehme es.«

Der Buchhändler scheint enttäuscht zu sein, anscheinend hat er mir einen besseren Geschmack zugetraut. Schließlich kennt er mich seit Jahren und hat mir schon so manche anspruchsvolle Urlaubslektüre empfohlen. »Raffael Sielmann hat ein gutes Gespür für Öffentlichkeitsarbeit«, sagt er und lächelt auf einmal versöhnlich. »Ich glaube, er hat das alles gar nicht so gemeint, was er in ›Stürmische Flut‹ prophezeit hat. Ein PR-Gag war das, und zwar kein schlechter. ›Stürmische Flut‹ war kein Verkaufsschlager, aber der Name Raffael Sielmann war plötzlich in aller Munde. Welcher Autor von Zukunftsromanen schafft das schon? Von denen werden nicht viele berühmt.«

»Jules Verne war berühmt«, werfe ich ein.

Der Buchhändler lacht spöttisch. »Ja, dem wollte er nacheifern. Sielmann soll sich sogar selbst gelegentlich als den zweiten Jules Verne bezeichnet haben.«

Er weist zu dem Tisch, auf dem das Gesamtwerk David Davidsons aufgebaut ist. Das neueste Buch nimmt den größten Platz ein. Mehrere Stapel sind aufgeschichtet worden. Während ich den Titel betrachte, greifen drei Kunden danach und tragen das Buch zur Kasse. Ich muss das unbedingt Elena erzählen. Vielleicht kann sie mir erklären, warum ich plötzlich diese Hemmung verspüre? Irgendwas hindert mich, auf dieses Buch zuzugehen. Es berührt etwas in mir, ganz tief in mir drin. Ich weiß nicht, was es ist. Ein vergessenes Glück? Ein kindliches Wunder? Oder eine schlechte Erfahrung, die noch gut genug ist, dass sie mich prägen kann? Ich weiß nicht, wie lange ich den Titel angestarrt habe, bevor ich mich entschließen konnte, das Buch zur Hand zu nehmen und damit zur Kasse zu gehen. Wenn wir das nächste Mal telefonieren, muss ich unbedingt mit Elena darüber reden.

Paul sieht Raffael Sielmann verwundert hinterher. Urplötzlich hat er seinen Platz gegenüber der Buchhandlung aufgegeben und ist mit zügigen Schritten zum Ende der Friedrichstraße gegangen. Dort, am Kaufhaus Jensen, biegt er rechts ab. Mit diesem eleganten Schwung, dieser kurzen Bewegung des Kopfes in den Nacken, dem Blick, der über alles hinweggeht, was sich vor ihm duckt. Uschi verliebte sich Hals über Kopf in diese Geschmeidigkeit, aber Paul bemerkte es erst, als ihm Raffael Sielmann ständig als leuchtendes Beispiel vorgehalten wurde. Er war distinguierter als Paul, selbstbewusster, forscher. Raffael Sielmann fuhr sich immer mit der rechten Hand durchs Haar, er war auf keine Symmetrie angewiesen. Wäre Rosi doch damals großzügiger oder unaufmerksamer gewesen, dann hätte Pauls Ehe nicht noch zehn weitere quälende Jahre bestanden.

Eigentlich wollte er schräg gegenüber, in der Parfümerie, nach braunen Haaren Ausschau halten, die am Hinterkopf mit einer Spange zusammengehalten werden, aber Paul kann nicht anders. Er geht zu dem Punkt, an dem Raffael Sielmann gestanden hat, und sieht in dieselbe Richtung. Seine Augen erfassen den Eingang der Badebuchhandlung, die Ständer mit den Ansichtskarten davor, den Aufsteller mit dem neuesten Titel von David Davidson, die Plakate mit den Ankündigungen der Lesung an der Schaufensterscheibe – und im Verkaufsraum die Kasse, vor der sich einige Kunden angestellt haben. Dahinter steht ein junger Mann, der einen gehetzten Blick in den hinteren Teil des Ladens wirft. Prompt löst sich von dort der Buchhändler und eilt seinem Mitarbeiter zur Hilfe. Er lässt eine Frau stehen, die zwei Bücher in der Hand hält. Eine Frau mit braunen Haaren, die unter einer hellblauen Schirmmütze verbogen sind. Nur Ponyfransen und ein paar Nackenhaare sind zu sehen.

Paul bemüht sich um ruhige Atmung, schöpft derart tief Luft, dass er das Gefühl hat, nicht nur in die Höhe, sondern auch in die Breite zu wachsen. Er spannt die Zehenspitzen an, drückt die Fußballen herab, steht fest mit beiden Beinen auf der Erde. Ja, das ist der richtige Moment! Das Schicksal hat ihm mit dieser zweiten Chance einen Wink gegeben. Gleich wird Sophia bezahlt haben, aus der Badebuchhandlung herauskommen, und er wird sie ansprechen. »Sophia! Bist du es wirklich? Was für eine Überraschung! Nach so vielen Jahren! Und ausgerechnet hier auf Sylt!« Kein Gedicht, keine Nacktheit wird zwischen ihnen stehen.

Seine Füße lösen sich nur schwer von der Erde, Paul macht mühsam einen Schritt, dann noch einen – und bleibt wieder stehen. Noch einmal tief durchatmen! Und freuen! Freuen, dass sie ihm noch einmal begegnet! Freuen über das Glück, das er hat! Ein gutes Omen für alles andere, was er vorhat. Sein Plan wird gelingen! Endlich wächst in ihm die Sicherheit heran, die ihm bislang fehlte.

Die Füße lösen sich nun leichter, er schafft es bis zu dem Aufsteller, der David Davidsons Buchtitel trägt. Paul steckt die Hände in die Hosentaschen, stellt den linken Fuß vor, dann den rechten, holt die Hände wieder heraus, streicht prüfend übers Haar, schiebt das Hemd ein Stück weiter in den Hosenbund, steckt die linke Hand in die Hosentasche zurück, hakt den rechten Daumen in eine Gürtelschlaufe. Beinahe hätte er gegrinst, weil er sich in diesem Augenblick so lässig vorkommt wie am Fenster des Zugabteils, als er Sophia damit imponierte, die Zigarettenkippe mit Daumen und Mittelfinger hinauszuschnippen.

In vollen Zügen genießt er die Ruhe, die sich nun in ihm ausbreitet. Sicherheit, Zuversicht! Wann hat er sich zum letzten Mal sicher und zuversichtlich gefühlt?

Er beobachtet, wie Sophia die Klappentexte der beiden Bücher liest, die sie sich ausgesucht hat. Schritt für Schritt schiebt sie sich voran, und als sie an der Reihe ist, schreckt sie auf. So vertieft war sie, dass sie nicht gemerkt hat, wie der breite Rücken des Mannes vor ihr verschwand. Sie lächelt entschuldigend, legt die Bücher auf den Tresen und zückt ihre Geldbörse. Geduldig sieht ihr der junge Mann an der Kasse beim Geldzählen zu. Der Buchhändler hat weniger Geduld. Er überlässt die Kunden, die vor der Kasse warten, wieder seinem Mitarbeiter und kümmert sich um sein Zeitschriftenangebot, das von einem nervösen Kunden in Unordnung gebracht worden ist.

Paul bestaunt Sophias Lächeln, das erwachsen geworden ist, ihre Bewegungen, die noch so jung sind wie damals, ihr Profil, das eine Menge Ernst und einen Teil Enttäuschung verrät, und ihre aufrechte Haltung, mit der sie damals ihren Minirock abwärts zog, weil sie anscheinend die Mahnungen ihrer Mutter verinnerlicht hatte. In der gleichen Haltung zieht sie jetzt die Strickjacke herab, die ihre Problemzonen verdecken soll. Paul hätte nicht gedacht, dass ihn diese wunderbare Mischung aus dem, was immer bleiben wird, und dem, was sich verändern muss, glücklich machen könnte.

Sophias Sommerhose hat die gleiche Farbe wie die Hose, die sie vor vierzig Jahren auf dem Weg nach Sylt trug. Hellblaue Baumwolle mit aufgenähten Hippieblüten. Die Hose, die sie heute trägt, verrät den teuren Designer, aber hellblau ist sie auch. Paul lächelt, ohne es zu merken. Die weiße Jacke hat natürlich nichts mit dem knappen Pulli gemein, den Sophia damals trug, als es noch keine Problemzonen gab, aber das macht nichts. Eine Schirmmütze hat sie vor vierzig Jahren auch nicht getragen. Aber immerhin – ihre Vorliebe für die Farbe Blau ist erhalten geblieben. Sogar ihre Geldbörse ist hellblau, die gerade in einer blauen Handtasche verschwindet. Paul hat das Gefühl, dass sein Glück himmelblau ist.

Er wird es schaffen! Dieser Satz wiederholt sich in seinem Kopf. Er ist drauf und dran, die Buchhandlung zu betreten, um nicht länger auf das Wiedersehen mit Sophia warten zu müssen. Aber er weiß, dass diese Begegnung keine Enge verträgt, dass sie Platz braucht, dass er die Arme ausbreiten möchte, von einem Ende der Friedrichstraße zur anderen.

Der Buchhändler tritt nun aus dem Laden, zwischen seinen Händen eine Papierfahne, die er strafft, so gut es geht. Aber besonders gut geht es nicht. Ein Windstoß beult sie, und als sie zurückfällt, zeigt sich, dass der Rückseite ein Kleber anhaftet. Eine hässliche Falte nimmt dem »Ausverkauft« das V.

Paul springt hinzu. »Kann ich helfen?«

Der Buchhändler hält die beiden Enden der Papierfahne so weit wie möglich auseinander. »Wenn Sie diese Falte entfernen könnten?«

Paul versucht es, der Kleber ist jedoch stärker als er. Die Falte ist zwar bald verschwunden, aber der Riss macht die Sache nicht besser. Das V ist in zwei Teile zerfallen, nur seine Spitze hält die Papierfahne noch zusammen. Paul ist eben kein Mann für Notfälle. Woher aber sollte der Buchhändler das wissen?

Das dankbare Lächeln, das auf dem Gesicht des Mannes erschienen war, fällt in sich zusammen. »Können Sie mal das andere Ende nehmen?«

Sähe er das Leben in diesen Minuten nicht himmelblau, hätte er es nie versucht. Paul kennt seine Grenzen und neigt sonst nicht dazu, sich zu überschätzen. Aber jetzt, in diesem Augenblick, traut er sich alles zu. Er greift nach dem Ende der Papierfahne und hält es weisungsgemäß auf die rechte obere Ecke des Plakates, das die Davidson-Lesung ankündigt.

»Gut festhalten«, mahnt der Buchhändler, der die Papierfahne vorsichtig dehnt, damit das andere Ende auf die linke untere Ecke des Plakates geheftet werden kann, ohne dass das V komplett zerreißt.

Beinahe wäre es gelungen. Paul hat nur einen kurzen Blick zur Ladentür geworfen, um sich zu vergewissern, dass Sophia nicht unbemerkt den Laden verlässt. Der Buchhändler gibt einen warnenden Laut von sich, der Pauls Konzentration vielleicht zurückgeholt hätte. Jedenfalls dann, wenn sein Glück noch immer himmelblau gewesen wäre.

Aber es sinkt wie ein schweres Unwetter auf ihn herab. Genau wie die Papierfahne, die sich von der oberen rechten Ecke löst, sich mit aufreizender Gemütlichkeit auf Pauls Haupt sinken lässt und dabei eine Drehung vollführt, sodass die klebende Seite auf seinem Haar zu liegen kommt.

Paul nimmt nicht zur Kenntnis, dass ein paar Passanten über ihn lachen, und von dem Ärger des Buchhändlers bekommt er auch nichts mit. Er steht vor dem Schaufenster, blickt in den Laden und sieht zu, wie sein himmelblaues Glück stockfinster wird.

Der Buchhändler schluckt seinen Ärger herunter und versucht, die Papierfahne aus Pauls Haar zu lösen. Dabei geht sie endgültig zum Teufel. Pauls Frisur und der Hinweis »Ausverkauft« sowieso. Während der Buchhändler versucht, das »Ausrkaut« zu retten, wird Paul vierzig Jahre jünger. Wieder fühlt er sich so verloren wie in dem Augenblick, in dem Sophia über sein Gedicht lachte, und so nackt wie in den Stunden, bevor Werner ins Wachkoma fiel und zu einem Pflegefall wurde. Wie kommt Raffael Sielmann in die Buchhandlung? Und warum begrüßt er Sophia wie eine alte Bekannte?

6.

Verdammt! Warum hat Elena ihr Handy ausgeschaltet? Ich müsste dringend mit ihr reden! Wem soll ich sonst erzählen, dass ich auf dem besten Wege zu einem One-Night-Stand bin? So was kann man nur der besten Freundin anvertrauen. Okay, notfalls eben auch ihrer Mailbox.

»Wer weiß, vielleicht wird sogar mehr aus der Sache zwischen Raffael Sielmann und mir. Ja, er ist verheiratet, aber dass eine Ehe nicht ewig dauern muss, weiß ich schließlich selbst am besten.

Warum ich mir plötzlich so sicher bin? Weil er mir nachgefahren ist. Ja, er ist mir nach Westerland gefolgt! Anders kann es nicht gewesen sein. Zwar hat er es nicht zugegeben, aber welche andere Möglichkeit sollte einem sonst einfallen? Er hat also Interesse an mir. Er wollte mit mir reden, ohne Gefahr zu laufen, von Johnny oder Tonia beobachtet zu werden. Die beiden kennen ja Raffaels Frau. Und dass die extrem eifersüchtig ist, hat sich sogar schon bis zu mir rumgesprochen. Er wusste, dass ich die Absicht hatte, mir heute Morgen in der Badebuchhandlung eine Eintrittskarte für die Davidson-Lesung zu kaufen. Und außerdem eins seiner Bücher. Das habe ich ihm in List beim Matjesessen erzählt. Ist das nicht total romantisch? Er ist meinetwegen nach Westerland gefahren! Um mich dort zu treffen! Warum er durch den Hintereingang in die Buchhandlung gekommen ist, weiß ich allerdings nicht. Das wollte er nicht verraten. Er hat nur gesagt, dass er den Buchhändler von früher kennt. Und deswegen kennt er auch diesen Hintereingang. Aber dann ...«

Wieso ist Elenas Mailbox schon voll? Ich habe doch noch gar nicht alles erzählt. Okay, ich versuch's im Festnetz. Ich weiß zwar, dass sie nicht zu Hause ist, aber sie hat sicherlich den Anrufbeantworter eingeschaltet. Hoffentlich hört sie die Mailbox und den AB in der richtigen Reihenfolge ab.

»Also – er hat dann den Buchhändler nicht begrüßt, obwohl er ihn jahrelang nicht gesehen hat. Es war ihm wichtiger, mit mir ans Meer zu gehen und am Strand entlangzulaufen. Zum Glück hat der Buchhändler gar nichts von Raffaels Besuch mitbekommen. Der war gerade damit beschäftigt, das Plakat der Davidson-Lesung zu überkleben. Dabei hat ihm jemand geholfen, dem das Ganze anschließend in den Haaren klebte. Zum Totlachen!

Raffael wird dem Buchhändler später einen Besuch abstatten. Der herrliche Spaziergang mit mir war ihm wichtiger. Ist das nicht großartig? Und man stelle sich vor, was sich während unseres Gesprächs herausgestellt hat! So ein Zufall! Raffael Sielmann ist Werners Halbbruder – Werner, der damals auf Sylt diesen schrecklichen Badeunfall hatte. Jahrelang hat er im Wachkoma gelegen, bis er endlich sterben durfte. Der arme Kerl! Natürlich haben wir auch über Paul geredet. Klar dass Raffael kein gutes Haar an ihm ließ. Nun, man muss das verstehen. Er glaubt, dass Paul schuldig ist am Tod seines Halbbruders. Und dass Paul damals noch sehr jung war, fast noch ein Kind, das lässt er nicht gelten. Er ist voller Hass auf Paul. Nach so vielen Jahren noch!

Ich habe versucht, ihm diesen Hass auszureden, aber er hat sofort dichtgemacht. Wir haben dann lieber über was anderes geredet. Ich habe ihm von Georg erzählt, von meiner Ehe. Und er hat gesagt, dass er mich bewundert, weil ich es geschafft habe, einen Schlussstrich zu ziehen. Anscheinend hat er selbst das bisher vergeblich versucht. Ich hätte ihm natürlich sagen können, dass nicht ich mich von Georg getrennt habe, sondern dass er mich wegen einer

Jüngeren verlassen hat. Aber man muss es mit der Ehrlichkeit auch nicht zu weit treiben, oder? Elena, du hättest ihm das an meiner Stelle auch nicht verraten. Ich habe mich viel besser gefühlt in der Rolle einer Frau, die den untreuen Gatten aus dem Haus geworfen hat. Dass ich nur durch deine Unterstützung zu meinem heutigen Selbstbewusstsein gekommen bin, habe ich ihm auch nicht gesagt. Wenn ich nicht von meiner besten Freundin angestachelt worden wäre, hätte ich nicht darauf bestanden, das Haus in Braderup zu bekommen. Und ohne dich hätte ich jetzt vermutlich das Selbstbewusstsein einer Weinbergschnecke. Eine verlassene Frau! Ausgetauscht gegen eine Jüngere! Aber du kannst ganz beruhigt sein. Raffael Sielmann hat mich als starke, unabhängige Frau erlebt. Ich habe das gut hingekriegt!

Besetztzeichen! Puh, jetzt habe ich auch Elenas AB vollgequatscht. Eigentlich wollte ich ihr noch sagen, sie solle sich bei mir melden, sobald sie ihn abgehört hat. Aber das wird sie sowieso tun. Hoffentlich ruft sie nicht ausgerechnet heute Abend an, wenn ich auf der Davidson-Lesung bin. Ich freue mich ja schon so darauf! Ich kann es gar nicht abwarten zu erfahren, was er für ein Typ ist. Groß, schlank, dunkelhaarig, attraktiv. Hoffentlich habe ich den gleichen Geschmack wie Tonia Gefron.«

Das große, helle Gebäude scheint von wohltuender Symmetrie zu sein. Seit er erwachsen ist, hat Paul nie gern ein Haus betreten, das ohne Gleichmaß ist. Sein eigenes hat die Haustür in der Mitte und rechts und links je drei Fenster.

Uschi wollte aus den drei Fenstern auf der linken Seite ein einziges großes machen. Und sie hatte recht. Der Ausblick aus dem Esszimmer wäre freier gewesen, der ganze Eindruck großzügiger. Trotzdem hat Paul sich durchgesetzt. Er wollte ein symmetrisches Haus, ein Haus, das in der Mitte des Grundstücks steht, rechts und links genau die gleiche Anzahl an Büschen, rechts und links von der Haustür ein Licht, der Briefkasten mitten auf dem Gartentor. Symmetrie war etwas Verlässliches, sie gab ihm Sicherheit.

»Was bist du doch für ein Spießer!«, hat Uschi mehr als einmal ausgerufen, während sie das Haus planten.

Aber Paul ist nicht von seiner Meinung abgewichen. Ein symmetrisches Haus oder gar keins! Er mag sich gar nicht vorstellen, was Uschi mittlerweile mit dieser Symmetrie angestellt hat. Wahrscheinlich hat sie so viele Umbaumaßnahmen in Auftrag gegeben, dass Paul sich in dem Haus nicht mehr wohlfühlen würde, wenn es noch ihm gehörte.

Er spürt, dass die Symmetrie an diesem Abend besonders wichtig für ihn ist, und er weiß, dass das kein gutes Zeichen ist. Er fühlt sich nicht wohl, wenn er die Symmetrie braucht, er ist unsicher, kraftlos.

Der Weg vom Hotel Stadt Hamburg ist kurz, er braucht nur die Norderstraße zu überqueren und steht schon auf der Andreas-Nielsen-Straße, die eigentlich ein großer Platz ist. Es wäre möglich, direkt vom Bürgersteig ein paar Stufen hochzusteigen, wie es die Leute tun, die ins Rathaus wollen, das im linken Teil des Gebäudes untergebracht ist. Er könnte dann über die Terrasse des Cafés Mabuhay gehen, sich zwischen den Strandkörben herdrücken, unter den roten Sonnenschirmen ducken, dann am Eingang des Casinos vorbeigehen und würde schon vor der großen Tür des Alten Kursaals stehen. Aber das ist nicht Pauls Art, ein Gebäude zu betreten. Jedenfalls nicht heute Abend.

Er geht, als er die Straße überquert hat, geradeaus weiter und macht genau vor der Mitte des Gebäudes Halt. Nun wendet er sich ihm zu und betrachtet es. Ja, ein schönes Gebäude, groß und hell, genau in der Mitte das Café mit seiner gläsernen Front. Aber die Symmetrie ist nicht vollkommen, das fällt ihm erst jetzt auf. Auf der linken Seite befindet sich eine Tür, der Eingang zum Rathaus, auf der rechten sind zwei große Türen. Eine führt ins Casino, die andere in den Alten Kursaal. Pauls Unwohlsein nimmt zu.

Vor dem Eingang zum Alten Kursaal stehen viele Leute, gut gekleidete Touristen, wichtig aussehende Honoratioren der Insel und Menschen, die Kameras umhängen und Diktiergeräte in der Hand haben. Sie gehen ungeduldig herum und sehen häufig auf die Uhr. Alle anderen scheinen die Zeit des Wartens zu genießen. Sie lassen sich von der Abendsonne bescheinen, nippen an ihren Gläsern, unterhalten sich, genießen die Frage, was für ein Mensch David Davidson sein mag, freuen sich an dem Rätsel, weil es kurz vor der Auflösung steht.

Paul steigt die Treppe genau in der Mitte hinauf, betritt den geräumigen Vorraum und bleibt exakt in der Mitte stehen. Er lächelt, als er sieht, dass es zwei Türen gibt, die in den Theatersaal führen, links und rechts. Hier ist die Symmetrie perfekt.

Paul entscheidet sich für die linke, wird jedoch von

einem Saalordner aufgehalten. »Moin! Ihre Eintrittskarte, bitte!«

Paul zuckt die Schultern. »Die habe ich zu Hause vergessen.«

Der Saalordner schüttelt den Kopf. »Ohne Eintrittskarte können Sie hier nicht rein.« Er schiebt die Augenbrauen in die Höhe wie ein strenger Pädagoge, der seinem Schüler nichts durchgehen lassen will. »Es ist noch Zeit, bis die Lesung beginnt. Sie könnten die Karte vielleicht noch holen? Oder wohnen Sie weit weg?«

Paul schüttelt den Kopf. »Im Hotel Stadt Hamburg.«

Nun lacht der Saalordner, der Schüler ist rehabilitiert. »Na, also!«

Paul wendet sich ab und geht zur Theke. »Ein Bier!«

Mit dem Glas in der Hand durchmisst er das Foyer einmal zur rechten und dann zur linken Ecke. Der aufmerksame Blick des Saalordners kümmert ihn nicht. Auch nicht der wütende Blick des Mannes, den er angerempelt hat. Dass dabei sein Bier überschwappte, bemerkt er nicht einmal.

Der Mann verdreht ärgerlich die Augen und wendet sich wieder seiner Frau zu. »Es sind viele Karten vorbestellt worden. Wenn sie eine halbe Stunde vor Veranstaltungsbeginn nicht abgeholt worden sind, werden sie verkauft.«

Er schiebt Paul zur Seite, dem klar wird, dass er sich zum Teil einer Warteschlange gemacht hat, ohne es zu merken und zu wollen. Widerspruchslos lässt er sich zum Ende der Schlange drängen und sich zehn Minuten später vorwärts schieben, bis er vor dem Tisch steht, an dem die Karten verkauft werden, die nicht rechtzeitig abgeholt wurden. Er legt einen Zwanzig-Euro-Schein hin, steckt das Zwei-Euro-Stück, das er zurückerhält, in die rechte Jackentasche und die Eintrittskarte in die linke.

Diesmal entscheidet er sich für die rechte Eingangstür. Neben der letzten der rot gepolsterten Reihen bleibt er stehen und betrachtet die Bühne. Abweisend sieht der dunkle Vorhang aus, das Licht konzentriert sich auf die Stuhlreihen, die Bühne liegt im Schatten, kalt und unbehaglich.

Nur wenige Zuhörer sitzen schon in den Reihen, einige stehen in den Gängen und unterhalten sich, vor der Bühne steckt eine kleine Gruppe die Köpfe zusammen. Paul erkennt sie sofort. Die Gefrons und Raffael Sielmann. Nun tritt auch der Besitzer der Badebuchhandlung dazu, dem Paul nicht noch einmal begegnen möchte. Dass im Foyer viele Leute stehen, die sich Hoffnungen auf die Abendkasse gemacht haben, muss er seiner eigenen Ungeschicklichkeit anlasten. Hätte der Buchhändler nicht ausgerechnet ihn um Hilfe gebeten, hätte es im Schaufenster den Hinweis gegeben, dass die Lesung von David Davidson ausverkauft ist.

Tonia Gefron trägt ein grelles Kostüm und ein Make-up, das entstanden sein muss, während sie telefonierte, gleichzeitig ihrem Mann Anweisungen gab, sie korrigierte, während er sie ausführte, und dabei immer wieder ihre Haarsträhne aus dem Gesicht strich. Aus der Entfernung kann Paul nicht erkennen, ob sie das Auge, das von der Haarsträhne verdeckt wird, überhaupt geschminkt hat. Johnny steht neben ihr, mittelgroß, gedrungen, breitbeinig. Das Bild eines Mannes, der zufrieden mit sich ist, mag seine

Frau ihm auch ständig etwas anderes vorhalten. Ihre schrille Stimme scheint an ihm vorbeizurauschen.

Auch Raffael Sielmann sorgt für eine Distanz zu Tonia Gefrons Erregung, die er mit der Eleganz ausdrückt, die ihm zueigen ist. Sehr aufrecht steht er da, die Arme vor der Brust gekreuzt, und sieht auf Tonia hinab, die sich vorbeugt, während sie auf ihn einredet, und dadurch kleiner erscheint, als sie in Wirklichkeit ist. Raffael blickt auf sie herab wie auf einen Terrier, der nach seinen Hosenbeinen schnappt, dem nur genug Ruhe entgegengesetzt werden muss, damit er damit aufhört und sich trollt. Lediglich der Buchhändler, der Tonia Gefron vermutlich nicht gut kennt, lässt sich von ihrer Nervosität anstecken. Die Fragen, die sie ihm ins Gesicht schießt, beantwortet er kurz und hastig, als müsste er einen Ball auffangen und so schnell wie möglich zurückwerfen. Es hält ihn kaum in dieser Runde. Immer wieder macht er ein paar Schritte zur Seite, sieht sich im Saal um, ohne jemandem ins Gesicht zu blicken. Mal schaut er durch seine kleinen runden Brillengläser, manchmal über den Rand seiner Brille hinweg. Es scheint nicht darauf anzukommen, was er sieht.

Paul hat unauffällig in jedes Gesicht gesehen, hat sich immer früh genug weggedreht, wenn sein Blick erwidert werden sollte. Langsam geht er zum Ausgang des Saals zurück. Dem Saalordner ist es lästig, ihn wieder ins Foyer zu lassen, nachdem seine Eintrittskarte bereits entwertet worden ist, aber er lässt Paul schließlich doch passieren.

Der Vorraum hat sich gefüllt, die Theke ist nun umlagert. Das Stimmengewirr ist so dicht, dass Paul das Gefühl hat, es macht ihn taub und blind. Wie soll er in den lauten Gesprächen, dem Gelächter, den Zurufen das Gesicht finden, das er sucht? Er darf sich jetzt nicht ablenken lassen, nicht ins Glas schauen, nicht über die Köpfe hinweg.

Weil er so aufmerksam ist, bemerkt er die Veränderung sofort. In die Wartenden schiebt sich ein Keil, ihre Gestik und Körpersprache werden aufgeschäumt. Sie müssen ausweichen, werden auseinandergedrängt, finden sich in der Bugwelle aber rasch wieder zusammen. Wie ein Schnellboot durch kleine, hüpfende Wellen, so drängt sich etwas Hellblaues durchs Foyer und wühlt David Davidsons Publikum auf. Ein himmelblauer Hosenanzug!

Der Anzug ist längst im Saal verschwunden, als Paul in Bewegung kommt. Und als er endlich einen Blick über die Schulter des Saalordners werfen kann, sieht er, dass Raffael Sielmann sich aus der Gruppe vor der Bühne gelöst hat. Paul sieht sein heiteres Gesicht, den nachdrücklichen Blick, die geschmeidigen Bewegungen, das siegessichere Lächeln. Und er geht langsam auf die andere Seite des Saals, um die Symmetrie notdürftig wieder herzustellen. Obwohl er merkt, dass sie ihm an diesem Abend nicht helfen wird. Alles sieht danach aus, als wäre sein Plan gescheitert.

7.

Wieder diese Hitze! Es ist noch nicht mal zehn, aber sie steht schon wie eine Warnung über der Buhne 16, bewegungslos und still. Sehr still!

Ich habe es nicht fertiggebracht, zum Lister FKK-Strand zu fahren. Nein, nicht heute! Nicht nach diesem Abend! Als ich nach Hause fuhr, war wieder dieselbe gespenstische Stille in mir, die auch auf der Rückfahrt vor vierzig Jahren nicht zu vertreiben gewesen war. Niemand wusste, wie es um Werner stand, die Angst um ihn und die Hilflosigkeit machten uns stumm. Paul hatte einen anderen Zug genommen. Plötzlich war sein Gepäck verschwunden, und der Herbergsvater erklärte uns: »Der Junge hat sich schon vor einer Stunde aufgemacht. Er will per Anhalter nach Westerland.«

Wir anderen waren froh darüber, nur Uschi nicht. Sie versuchte Paul zu verteidigen, hielt uns immer wieder vor, dass wir ihn verurteilten, ohne Beweise zu haben, wurde aber jedes Mal niedergeschrien, sodass sie sich schließlich in Pauls Schuld fügte. Oder jedenfalls tat sie so. Als sich aber bald darauf herausstellte, dass Paul und Uschi zusammen waren, wussten wir, dass sie sich lediglich der Übermacht ergeben hatte. Rolf, Elena, Bärbel und ich haben nie mit ihr darüber gesprochen. Paul war Luft für uns, und da Uschi von da an ständig an seiner Seite war, haben wir über sie genauso hochmütig hinweggesehen wie über Paul. Zum Glück waren es nur noch zwei Wochen bis zur Schulabschlussfeier. Ich war froh, Pauls unglückliches Gesicht nicht mehr sehen zu müssen, und froh, dass ich es geschafft hatte, mit niemandem über meine wahren Gefühle zu reden. Elena hätte mir nie verziehen, wenn ich ihr gestanden hätte, dass Paul mir leid tat. Und als ich später einmal zufällig beobachtete, dass Uschi immer noch das Gedicht bei sich trug, das Paul eigentlich mir geschenkt hatte, war ich glücklich, dass ich niemals ausgesprochen hatte, wie sehr ich den Mut bewunderte, mit dem sie zu Paul stand. Ich selbst hatte nicht zu ihm gestanden. Dabei war ich es gewesen, der er ein Gedicht geschrieben hatte, nicht Uschi.

Die Hitze wird schwerer, der heraufziehende Mittag noch stiller. Die Kinder hocken träge im Sand, einige stehen bis zu den Knien im Wasser und lassen sich die lustlosen Wellen an die Schenkel schwappen. Kein Grund zu jubeln und zu kreischen. Die Hitze lähmt.

Diesmal habe ich den kleinen Sonnenschirm mitgebracht, dessen zugespitzter Stiel sich in den Sand spießen lässt, und einen Sonnenhut habe ich auch dabei. Von der Sonnenmilch mit dem hohen Lichtschutzfaktor ganz zu schweigen. Ja, ich habe an alles gedacht.

Der Weg vom Gipfel der Dünen bis zur Wasserkante ist weit, aber diesmal bewältige ich ihn ohne Weiteres. Ich habe es mir fest vorgenommen, heute die Bühne nicht nur zu betreten, sondern mich auf ihr zu bewegen. Und es gelingt mir. Elenas gutes Zureden zeigt allmählich Wirkung. Oder ich habe mich nun an dieses Leben ohne Georg gewöhnt. Ja, ich glaube, das ist es. Gestern Abend ist mir so richtig klar geworden, wie angenehm das Leben ohne Mann ist.

Habe ich die Haustür abgeschlossen? Die Terrassentür? Die Strandtasche wiegt plötzlich doppelt so schwer, aber nach ein paar bedrückenden Augenblicken schultere ich sie umso energischer. Sicherlich habe ich alles verriegelt. Warum auch nicht? Und die Gefrons haben gesagt, sie wollen heute nicht zum Strand. Die werden schon merken, wenn sich jemand an meinem Ferienhaus zu schaffen macht.

Obwohl … die lautstarken Debatten auf der Terrasse des Nachbarhauses sprechen nicht dafür, dass das Verlegerehepaar und ihr Autor an etwas anderes denken als an den missglückten Abend. Verrückt war das, total verrückt!

Nun bin ich in der Mitte des Strandes angelangt, wo Georg die Decke ausgebreitet hätte. Will ich mich hier wirklich niederlassen? Verloren komme ich mir vor, als ich mich einmal um mich selbst gedreht habe. Besser, ich gehe näher zur Wasserkante, an eine Begrenzung des Strandes, die ihn nicht mehr so beklemmend weit macht. Dort ist es auch geringfügig kühler.

Puh, es tut gut zu liegen. Decke ausbreiten, Schirm aufstellen, ausziehen, eincremen – das alles war schon zu viel bei dieser Hitze. Ich bin in Schweiß gebadet. Wie schön wäre es, wenn jetzt ein kühler Wind über meine Haut strich! Aber die Hitze steht weiterhin bewegungslos über mir. Wenn die Sonne auf ihrem Zenit angekommen ist, wird es hier unerträglich werden. Diese regungslose heiße Luft gibt es selten auf Sylt.

Gestern Abend war es so ähnlich. Als der Alte Kursaal sich gefüllt hatte, war sie auch entstanden, diese bewegungslose Hitze. Spannung, Erwartung, so hieß sie gestern Abend. Und gerade, als sie unerträglich wurde, braute sich das Unwetter zusammen. Es würde mich nicht wundern, wenn es heute auch noch ein Gewitter gibt. Warum bin ich nicht in meinem Haus in Braderup geblieben? Unter den hohen Bäumen am Ende des Grundstücks wäre es angenehmer gewesen. Aber im Nachbargarten gibt es auch hohe Bäume, und unter denen sitzt jetzt vielleicht Raffael Sielmann und arbeitet an seinem neuen Buch. Vorausgesetzt, Tonia und Johnny Gefron haben ihn nach dem gestrigen Debakel nicht vor die Tür gesetzt. Aber heute Morgen war er noch da, also wird Tonia sich überlegt haben, dass sie auf die Davidson-Bücher nicht verzichten kann und gute Miene zum bösen Spiel machen muss. Ich will nicht, dass Raffael Sielmann womöglich seine Arbeit unterbricht und an den Gartenzaun kommt. Nicht nach diesem Abend!

Gut, dass ich später noch mit Elena telefonieren konnte. Ich wäre geplatzt, wenn ich nicht die Gelegenheit bekommen hätte, mit irgendjemandem zu reden. Wahrscheinlich hätte ich sonst die ganze Geschichte dem Kellner bei Gosch oder meiner Tischnachbarin erzählt. Aber das wäre keine wirkliche Erleichterung gewesen. Diese Angelegenheit braucht einfach jemanden, der die Personen kennt, die in dem Stück mitspielen, das gestern aufgeführt wurde.

Ich war kaum zu Hause angekommen, da ging zu meiner Freude das Telefon. Ich wusste gleich, dass es Elena war. Sie ruft ja meist um diese Zeit an.

Lachend fragte sie: »Bist du allein? Oder ist dieser Sielmann bei dir? Dann lege ich natürlich sofort wieder auf. Ich will nicht diejenige sein, die dich um deinen ersten One-Night-Stand bringt.«

»Raffael Sielmann? Der hat andere Sorgen.«

Ich hatte ja mitgekriegt, dass die Gefrons kurz nach mir wieder in Braderup angekommen waren. Das Auto hatte ich gehört und das Quietschen des Garagentors auch, vor allem aber Tonias Stimme. Ihr Keifen war durch die geschlossenen Fenster gedrungen. Und als ich sie zum Lüften geöffnet hatte, wäre es mir sogar ein Leichtes gewesen, sie zu belauschen, so laut und unbeherrscht kam ihre Stimme aus dem Nachbargarten zu mir. Aber natürlich habe ich mich diskret zurückgezogen. Auch, weil in diesem Augenblick das Telefon ging! So kam ich gar nicht in die Versuchung, mein Gewissen mit einer schweren Indiskretion zu belasten. Vorsichtshalber habe ich die Fenster sogar wieder geschlossen, ehe ich den Hörer abhob. Wer konnte schon sagen, ob man im Nachbargarten genauso taktvoll mit fremden Gesprächen umging wie hier?

»Elena, stell dir vor, wen ich wieder gesehen habe!«

Ratloses Schweigen entstand auf der anderen Seite der Telefonleitung, und ich genoss es sehr. Genau so lange, bis aus dem Warten Ungeduld wurde.

»Nun sag schon!«

»Uschi!«

Wieder blieb es eine Weile still in der Leitung, diesmal war es die Überraschung, die Elena die Sprache verschlug.

»Uschi?«, kam es schließlich atemlos zurück. »Was macht die auf Sylt?«

»Das habe ich mich natürlich auch gefragt.«

»Hat die was mit David Davidson zu tun?«

»Keine Ahnung. Aber sie scheint in der Verlagsbranche zu arbeiten. Sie kennt die Gefrons, und Raffael Sielmann kennt sie auch. Ich glaube sogar ... sie hat was mit ihm.«

»Was? Aber du hast doch gesagt ...«

»Vergiss es! Raffael Sielmann ist für mich gestorben.

Nicht nur wegen Uschi. Stell dir vor, sie hatte einen himmelblauen Hosenanzug an! Himmelblau bei Größe 42! Vielleicht sogar 44.«

»Unmöglich!«

Es ist wirklich angenehm, eine beste Freundin zu haben. Elena weiß immer genau, wann uneingeschränkte Zustimmung erwartet wird und es überhaupt keinen Sinn hat, mein Gewissen anzurühren, weil ich voreingenommen bin und mir keine Mühe geben will, objektiv zu urteilen.

»Wie geht es ihr? Ist sie verheiratet? Hat sie Kinder? Was hat sie überhaupt nach der Schule gemacht?«

Ich wusste gar nicht, wo ich anfangen sollte. Deshalb begann ich mit dem, was für mich die allergrößte Sensation war. »Die Davidson-Lesung ist geplatzt.«

»Warum?«

»Davidson ist einfach nicht erschienen.«

»Das gibt's doch nicht.«

»Ich will dir was sagen, Elena: Ich glaube, ich weiß, wer hinter dem Namen David Davidson steckt. Und Uschi weiß es auch.«

Paul ist ganz ruhig. Warum eigentlich ist er so ruhig? Am Abend war er derart nervös, dass er zwei Schlaftabletten brauchte, um zur Ruhe zu kommen. Aber als er früh morgens erwachte, empfand er schon bald diese bleierne Gelassenheit, die sich wie schlechte Luft in ihm ausbreitete. Seitdem fällt es ihm schwer durchzuatmen, er fühlt sich nicht wohl – aber immerhin ist er ganz ruhig.

Er liegt in einer Mulde oberhalb des Strandes und sucht

nach Gründen, warum er noch auf Sylt ist. Um weiter nach Sophia zu suchen? Vielleicht. Aber dagegen steht die Gefahr, Uschi zu begegnen. Was wiegt schwerer – die Chance oder das Risiko? Paul entscheidet sich mal für das eine, mal für das andere. So, wie er am Morgen geschwankt hat zwischen dem Wunsch, wieder zum Lister FKK-Strand zu fahren, und der Angst davor, Sophia ausgerechnet dort erneut zu begegnen. Am Ende hat er sich entschlossen, zur Buhne 16 zu fahren. Vermutlich gehört Sophia, wie die meisten Sylt-Urlauber, zu denen, die immer wieder denselben Strandabschnitt aufsuchen, weil sie sich dort besonders wohlfühlen. An der Buhne 16 fühlt er sich sicher.

Warum ist Uschi nach Sylt gekommen? Wahrscheinlich hat Raffael Sielmann sie gerufen. Aber warum braucht er ihre Unterstützung? Oder ist sie hier, um nach ihrem Ex-Mann zu suchen? Auch möglich. Andererseits ... was will sie noch von ihm? Die Ansprüche, die noch immer in ihr rumoren, hat sie nicht mehr. Das muss sie eigentlich wissen.

Paul stöhnt auf und dreht sich auf den Bauch, um aufs Meer blicken zu können. »Verdammt, Uschi!«

Er konnte sie nur anstarren, gestern Abend. Die himmelblaue Gestalt nahm ihm den Atem. Ohne seine Eintrittskarte zu zücken, drängte er sich Uschi hinterher. Der Saalordner streckte die Hand nach der Karte aus, ließ ihn dann aber passieren, weil er sich daran erinnerte, dass er Paul schon einmal eingelassen hatte. Und dann stand plötzlich auch Sophia da. Obwohl er auf ihr Erscheinen gehofft hatte, brachte ihn ihr Anblick aus der Fassung. Sie war in der Badebuchhandlung gewesen, hatte ein Davidson-Buch gekauft, war es da nicht zu erwarten, dass sie auch nach einer Eintrittskarte für die Lesung fragte? Paul hatte es sich gewünscht – und stand nun doch wieder so nackt da wie vor vierzig Jahren. Auch das Gedicht baute sich zwischen ihnen auf wie damals.

Sophia war ganz in Schwarz gekleidet. Sie musste durch die andere Tür den Saal betreten haben, während Paul der himmelblauen Uschi nachstarrte. Fasziniert beobachtete er, wie Sophia plötzlich stutzte, wie Uschi stehen blieb, wie eine sich der anderen ins Blickfeld stellte, sich ihr präsentierte, auf eine Reaktion wartete, jede der beiden mit der Frage beschäftigt, ob die andere es wirklich war, deren Bild sich in vierzig Jahren zwar verändert, aber doch so vieles bewahrt hatte.

Und dann gingen sie wirklich aufeinander zu. Uschi himmelblau, Sophia schwarz, elegant, sehr schick, aber eben ... schwarz. Paul wollte Sophia genauso wenig in diesem eleganten Schwarz sehen wie Uschi in dem Himmelblau. Während ihrer Ehe hatte sie sich ein einziges Mal einen hellblauen Pullover gekauft, und er hatte ihn eigenhändig in den Kleidersack gestopft und dem Roten Kreuz gespendet. Uschi wusste, dass er sie nicht in himmelblauer Kleidung sehen wollte. Entweder rechnete sie nicht damit, Paul auf Sylt anzutreffen, oder sie wollte ihn provozieren, oder ... es war ihr gleichgültig, wie er darauf reagierte. Sie wollte endlich himmelblaue Kleidung tragen, so viel sie wollte, jetzt, wo niemand mehr Anstoß daran nahm. Irgendwie hatte Paul Verständnis für sie.

Raffael Sielmann blieb abwartend stehen, als er sah, dass

Uschi und Sophia sich begrüßten, aber Paul konnte beobachten, dass beide Frauen nervös wurden unter seinem Blick. Raffaels Warten nahm ihnen die Zeit. Vielleicht wollte er höflich sein, aber in Wirklichkeit drängte er sie mit diesem Warten mehr, als wenn er ihr Gespräch unterbrochen hätte.

Endlich hatte ich Elena mal was zu erzählen! Wie habe ich es genossen! Bisher habe ich Elenas aufregenden Männergeschichten immer nur meinen Ehefrust entgegensetzen können. Aber nun war ich endlich auch einmal auf der Sonnenseite des Erzählens angekommen. Ich redete mir gestern Abend nichts von der Seele, suchte keinen Rat, kein offenes Ohr für meine Probleme, nein, ich hatte etwas Spannendes erlebt, was meine beste Freundin brennend interessierte. Wie schön dieses Gefühl war, hatte ich vollkommen vergessen.

»Es hätte mir gleich auffallen müssen, Elena! Schon, als Tonia mir verraten hat, dass David Davidson groß, schlank, dunkelhaarig, attraktiv und in unserem Alter ist. Und dann der Buchhändler! Er hat mir erklärt, Sielmanns Romane gefallen ihm nicht, weil er Davidson imitiert.«

Elenas Stimme klang atemlos. »Du meinst ... er imitiert ihn gar nicht?«

»Nein, er ist David Davidson. Seine Zukunftsromane grenzen sich zwar von der wirklich guten Literatur ab, die er unter Pseudonym schreibt, aber sein Sprachschatz ist eben doch der gleiche.«

»Warum diese Geheimniskrämerei?«

»Weil er dadurch das Interesse auf sich zieht! Geheimnisse verkaufen sich immer besonders gut. Wie oft haben sich die Leser in den letzten Jahren gefragt, wer hinter dem Namen David Davidson stecken mag! Von ihm wäre nur halb so viel geredet worden, wenn jeder seinen wirklichen Namen gekannt hätte.«

»Und seine Bücher wären dann vielleicht nicht in die Bestsellerlisten gekommen.«

»Jedenfalls nicht so schnell und so leicht. Wer Davidson gern liest, hat sich bei jedem neuen Buch gefragt, ob er sich diesmal verrät.«

»Wahnsinn!« So beeindruckt war Elena das letzte Mal gewesen, als ich ihr erzählte, dass ich zehn Kilo abgenommen hatte.

»Spätestens während des Gesprächs mit dem Buchhändler hätte ich drauf kommen können.«

Ich erinnere mich genau, was der Buchhändler sagte. Er kannte Raffael Sielmann aus der Zeit, in der er als Jugendlicher seine Patentante auf Sylt besuchte. Und noch etwas fiel mir ein, während ich mit Elena sprach: »Der Buchhändler hat mir verraten, dass er David Davidson zu einem Vorgespräch erwartete. Aber er hat mir gleich die Hoffnung genommen, vor der Eingangstür auf ihn zu warten. Davidson würde einen anderen Weg nehmen.« Meine Stimme war ein einziger Triumph. »Den Hintereingang!«

Nun klang Elenas Stimme, als hätte sie einen Marathon hinter sich. »Dann ist er also gar nicht deinetwegen nach Westerland gekommen! Du hast gesagt, er wäre dir gefolgt. Aber das stimmt gar nicht!«

Plötzlich passte alles zusammen. Nun wusste ich, warum David Davidson ausgerechnet auf Sylt und ausgerechnet mit Unterstützung der kleinen Badebuchhandlung die wichtigste Lesung seiner Karriere abhalten wollte. Weil ihn mit dem Buchhändler eine alte Freundschaft verband!

»Aber warum überhaupt seine Idee, das Inkognito zu lüften?«, fragte Elena.

Darüber hatte ich schon nachgedacht. »Ein PR-Gag! Davidson steht heute auf allen Titelseiten.«

»Und warum hat er die Lesung dann platzen lassen? Ein weiterer PR-Gag?«

Diese Frage war im Zuschauerraum und später im Foyer ausgiebig erörtert worden. Eine halbe Stunde nach dem eigentlichen Vorstellungsbeginn wurde das Gemurre immer lauter. Einige begannen sogar zu skandieren: »Da-vid-son! Da-vid-son!«

Andere lächelten darüber, aber bald schon übertönten grelle Pfiffe das Gelächter. Und schließlich kamen lautstarke Buh-Rufe dazu.

Ich konnte von meinem Platz aus gut erkennen, wie Tonia Gefron sich ereiferte. Ihre Haarsträhne hatte eine Menge auszuhalten, während sie auf Raffael Sielmann einredete, ihren Mann mit wütenden Handbewegungen zum Schweigen brachte und mit Uschi eine hitzige Debatte führte.

»Was hat Uschi damit zu tun?«

»Wenn ich das wüsste, Elena.«

Wir kamen leider über eine kurze Begrüßung nicht hinaus. So viele Gefühle mussten nach vierzig Jahren in Worte gefasst werden, dass eins kaum von anderen abzugrenzen war. Überraschung – »Bist du es wirklich?« –, dann exaltierte Freude – »Nicht zu glauben, nach vierzig Jahren!« und schließlich schrille Begeisterung – »Wir müssen unbedingt nach der Vorstellung quatschen!« Aber in diesem Augenblick trat Raffael Sielmann zu uns mit der langatmigen Feststellung, dass es wunderschön sei, wenn zwei alte Freundinnen sich nach so vielen Jahren wiederfänden.

Nun, vom Wiederfinden kann keine Rede sein, denn plötzlich drängte er Uschi so energisch zur Bühne, dass wir nicht einmal dazu kamen, einen Treffpunkt zu vereinbaren. »Tonia und Johnny freuen sich, dass du gekommen bist, Uschi. Sie wollen unbedingt mit dir reden.«

Als ich mich wieder auf meinen Platz setzte, wusste ich nicht einmal, aus welchem Grunde Uschi der Lesung Davidsons beiwohnen wollte. Aber ich wusste genau, dass ihre Freude und ihre Begeisterung nicht echt gewesen waren, nur ihre Überraschung. Uschi würde nach der Vorstellung nicht zu mir kommen, um mit mir in Erinnerungen zu kramen, da war ich mir plötzlich ganz sicher. Sie hatte trotz ihrer höflichen Worte nicht verhehlen können, dass ihre Überraschung in Wirklichkeit Erschrecken gewesen war. Warum erschrak sie, wenn sie mich sah? Und warum dieser Blick, mit dem sie mich in Sekundenschnelle taxierte? So, als käme es darauf an, dass mein schwarzer Hosenanzug von schlechter Qualität war, und als hätte sie eine Niederlage erlitten, weil ich ein Designer-Modell trug. Was war ich froh, dass das alte hellblaue Kleid, das ich eigentlich anziehen wollte, einen Fleck am Ausschnitt hatte!

Was machte Uschi im Alten Kursaal von Westerland? Sie sah ärgerlich aus, als Tonia Gefron schließlich auf die Bühne stieg und den Platz des Autors einnahm. Uschi neigte sich dicht an Raffaels Ohr, flüsterte ihm etwas zu und berührte dabei seinen Arm. Und er nickte zu allem, was sie sagte, legte mit einer besänftigenden Geste, die nur flüchtig, aber dennoch sehr intensiv war, eine Hand auf ihren Rücken. Alle Augen ruhten auf Tonia, außer mir sah vermutlich niemand den Blick, mit dem die beiden sich etwas sagten, was ausgesprochen weniger verräterisch gewesen wäre.

Das war der Augenblick, in dem der Gedanke in mir hochschoss! Ich war wie erstarrt, konnte mich nicht bewegen und hörte und sah nichts um mich herum. Raffael Sielmann! Ja, plötzlich passte alles zusammen. Unter dem Pseudonym David Davidson verbreitet er hohe Literatur, während er unter seinem eigenen Namen Zukunftsromane schreibt, von denen ein Schriftsteller normalerweise nicht leben kann. Auch der Gefron-Verlag wird mit diesen Romanen nicht reich, die Auflagen im Bereich Science-Fiction und Fantasy sind niedrig, die Verkaufszahlen gering. Trotzdem ist Raffael Sielmann das Angebot gemacht worden, ein Buch im Ferienhaus seiner Verleger zu vollenden. Ein weiteres Indiz? Sielmann scheint für den Gefron-Verlag wichtig zu sein.

Vermutlich haben die Verlegerin und ihr Autor überlegt, dass ein grandioser PR-Gag ihm den Platz auf den Bestsellerlisten sichern wird. Auch seine Zukunftsromane werden von da an besser laufen, wenn bekannt ist, dass sie von einem Autor geschrieben werden, nach dem jeder Verleger sich die Finger leckt. Man wird also zwei Fliegen mit einer Klappe schlagen! Außerdem darf Sielmann sich mit der Insel Sylt aussöhnen, wenn ausgerechnet hier die Sensation perfekt wird, und seinem Jugendfreund, dem Besitzer der Badebuchhandlung, kann er eine Gefälligkeit erweisen, indem er ihm die Vermarktung der Lesung überlässt. Klar! So muss es sein!

»Und dann?«, fragte Elena. »Warum ist die Lesung geplatzt?«

An dieser Stelle wurde es schwierig. »Ich nehme an«, antwortete ich zögernd, »er hat Angst vor der eigenen Courage bekommen und im letzten Augenblick gekniffen.«

»Du meinst, er hat sich geweigert, die Bühne zu betreten? Ist einfach sitzen geblieben und hat sich nicht zu erkennen gegeben?«

»So muss es gewesen sein.«

»Und Uschi?«

»Sielmann und Uschi wirkten sehr vertraut. Zwischen den beiden läuft was, ganz sicher. Vielleicht hat Tonia sie rufen lassen, damit sie ihn zur Vernunft bringt. Eine Geliebte hat oft mehr Einfluss als die Ehefrau.«

Wenn es so war, dann war es ihr nicht gelungen. Tonia strich sich mit zitternder Hand die Haarsträhne aus dem Gesicht, als sie sich am Lesepult aufstellte. So ängstlich und verlegen hatte ich sie noch nie erlebt. Bei ihrem Anblick verlor sogar Johnny Gefron einen Teil seines Gleichmuts. Besorgt beobachtete er seine Frau, die er nicht anders als überlegen und souverän kannte.

Damit war es jetzt vorbei. Tonias Kostümrock bebte, ihre Brust hob und senkte sich in besorgniserregendem Rhythmus, ihr linkes Auge raste über die Köpfe, ihr rechtes blieb unter ihrer Haarsträhne verborgen. Während sie sprach, strich sie kein einziges Mal die Strähne aus ihrem Gesicht.

»Sehr geehrtes Publikum, liebe Bewunderer von David Davidson! Es geht mir wie Ihnen. Ich warte auf den berühmten Schriftsteller, freue mich seit Wochen darauf, dass aus dem ›Autor ohne Gesicht‹ ein Mensch aus Fleisch und Blut wird. Aber …«

Dieses Aber erzeugte bereits heftige Unruhe im Zuschauerraum. Die Erklärungen wollte keiner hören, die Tatsache, dass David Davidson die angekündigte Lesung nicht halten würde, reichte den meisten.

»Du glaubst es nicht, Elena! Tonia wurde ausgepfiffen, beschimpft, sogar bedroht. Dabei konnte sie vermutlich gar nichts dafür.«

»Und Raffael Sielmann?«

»Der saß da, die Arme vor der Brust verschränkt, und tat so, als ginge ihn das alles nichts an. Er sah sich ganz ruhig an, wie Tonia ausbaden musste, was er angezettelt hatte. So ein Mistkerl!«

»Sie hat ihn nicht verraten? Sie hat seinen Namen nicht genannt? Alle Achtung!«

»Die Zuschauer hielten es für einen Werbetrick, den sich der Autor und die Verlegerin gemeinsam ausgedacht haben.«

»Vielleicht haben sie recht?«

Ich schüttelte den Kopf, obwohl Elena es nicht sehen konnte. »Das glaube ich nicht. Tonia war derart unglücklich und verzweifelt – das war echt. Und erst der Buchhändler! Um den musste man sich richtig Sorgen machen. Er sah aus, als überlegte er sich, in der folgenden Nacht wie Sielmanns Patentante ins Watt zu gehen.«

»Und Uschi?«

»Tja, Uschi ...«

Sie redete auf Raffael Sielmann ein, wehrte Johnny Gefron mit ungeduldigen Gesten ab und empfing Tonia, als sie von der Bühne herunterkam, mit einem Wortschwall, den die Verlegerin sich wortlos anhörte. Es war, als richtete Uschi immer wieder dieselbe Forderung an Tonia. Aber jedes Mal schüttelte Tonia nur den Kopf.

»Könnte es sein, dass Uschi für den Gefron-Verlag arbeitet?«

Ich konnte nicht erklären, warum, aber ich glaubte es nicht. »Uschis Wort scheint jedoch Gewicht zu haben. Schade, dass ich sie später nicht mehr gesehen habe. Ich hätte sie gerne so vieles gefragt.«

»Ob sie noch Kontakt zu Paul hat?«, fragte Elena. »Und ob sie weiß, was aus Rolf und Bärbel geworden ist?«

Ja, auch das hätte ich sie gerne gefragt. Aber vor allem hätte ich gerne erfahren, was aus Uschi selbst geworden war.

Die Zeitungen sind voll von dem Skandal im Alten Kursaal. Der Name David Davidson steht auf allen Titelseiten. »Wird der Autor ohne Gesicht nun zu einem Autor ohne Gewissen?«

Paul setzt sich auf, um besser lesen zu können. Die Presse lässt kein gutes Haar an David Davidson. Vom Betrug am Leser ist da die Rede, von der skrupellosen Verlegerin, die gemeinsame Sache mit ihrem erfolgreichsten Autor macht, die das Publikum mit der Erstattung der Eintrittspreise abspeist, um anschließend noch fettere Gewinne mit den Davidson-Büchern einzustreichen.

Paul erhebt sich, um die Hitze abzuschütteln, hält seinen Körper dem Meer hin, doch von dort kommt auch im Sommer nur ein mildes Lüftchen. Aber immerhin! Und das Wasser, das immer kalt ist, sorgt schon für Abkühlung, wenn man es nur lange genug ansieht. Die Wellen haben jedoch keine Kraft, die Brandung ist lustlos, es gibt keine Schaumkronen und kein Spiel der Farben. Das Meer ist blau und langweilig. Aber es ist kalt. Und deswegen entschließt sich Paul, die Zeitung wegzulegen und sich zur Wasserkante aufzumachen. Wenn er auch fürchten muss, sich die Füße zu verbrennen.

Auf den letzten Metern wird er immer schneller und ist dankbar, als er endlich den kühlen, feuchten Sand unter seinen Fußsohlen spürt. Er macht einen Schritt ins Wasser hinein, gräbt seine Zehen in den Schlick und genießt die Kälte, die ganz langsam von seinen Füßen aufsteigt. Er schließt die Augen, atmet die Erfrischung durch seinen ganzen Körper, lässt seine Füße mit den kleinen Wellen spielen. Neben ihm, vier oder fünf Meter weiter, steht eine Frau, die es so macht wie er. Auch sie hebt mal das rechte Bein, mal das linke, bewegt die Zehen, läst das Wasser abtropfen, geht einen Schritt weiter ins Meer hinein, bückt sich, lässt die Fingerspitzen im Wasser spielen, bespritzt ihre Schenkel, ihren Bauch, die Brüste. Die Haare fallen ihr ins Gesicht, schulterlange, dunkelbraune Haare. Als sie sich aufrichtet, greift sie mit beiden Händen hinein und führt sie am Hinterkopf zusammen, als wollte sie ihre Haare dort feststecken.

Vielleicht hätte sie ihn nicht bemerkt, wenn Paul nicht bewegungslos dagestanden und sie angestarrt hätte. Wäre er einfach ins Wasser gelaufen oder hätte er sich umgedreht, um wieder zurückzugehen, dann wäre sie vermutlich nicht auf ihn aufmerksam geworden. Nun aber dreht sie sich zu ihm hin, weil sie seinen Blick spürt, die Hände noch am Hinterkopf, und sieht ihn an. Dass sie ihn erkennt, wird ihm klar, als sie die Hände sinken lässt, als wüsste sie nicht mehr, warum sie sie angehoben hat. Ihre Haare fallen auf die Schultern zurück, ihre Brüste, die sich mit den Armen gehoben haben, sinken ebenfalls wieder herab.

Weil Paul nicht will, dass sie seinen Namen eher ausspricht als er ihren, sagt er: »Sophia!«

Und sie antwortet, ohne zu zögern: »Paul!«

8.

Aus der Hitze ist Schwüle geworden, die Luft hat an Gewicht zugenommen, sie lastet auf der Insel. Der Himmel ist aufgequollen zu hellen Wolkenbergen, die sich in Minutenschnelle verdunkeln und herabsinken. Durch ein paar Wolkenlöcher sticht die Sonne, scharfe Strahlen, die unter dem dunklen Himmel ein unwirkliches Licht entzünden. Aus der zarten Helligkeit ist grelles Leuchten geworden.

Die Kellner des Café Orth sehen in den Himmel und scheinen sich nicht aus der Nähe der aufgespannten Sonnenschirme entfernen zu wollen. Das Unwetter kann jeden Augenblick hereinbrechen. Die meisten Gäste haben schon ihre Geldbörsen gezückt, zahlen und machen sich auf den Heimweg.

Die Kellner sehen mich an, als erwarteten sie von mir das Gleiche. Wo Paul nur bleibt? Er war mit seinem Wagen dicht hinter mir, als wir nach Westerland fuhren. Auf der Suche nach einem Parkplatz in der Nähe der Friedrichstraße habe ich ihn dann aus den Augen verloren. Aber da jeder Sylt-Urlauber weiß, wie schwierig und langwierig die Suche nach einem Parkplatz in Westerland sein kann und wie unwahrscheinlich es ist, zwei Plätze nebeneinander zu finden, haben wir vorher verabredet, uns im Café Orth zu treffen.

»Sicher ist sicher«, hat Paul gesagt.

Kann sein, dass Elena mir später Vorwürfe machen wird, aber ich kann sie jetzt nicht anrufen, um ihr alles zu erzählen. Ich werde sie überhaupt nicht anrufen und ihr kein Wort davon verraten, dass ich Paul wiedergesehen habe. Sie würde mich nicht verstehen. Ich weiß, was sie sagen würde: »Wie kannst du mit ihm reden? Wie kannst du dich von ihm zum Kaffee einladen lassen? Hast du vergessen, dass er Werner auf dem Gewissen hat?«

Ich will jetzt nicht darüber mit Elena reden. Paul ist so ... anders geworden. Ja, ganz anders. Aber man muss ihn gesehen haben, sonst versteht man es nicht. Dass er mit Uschi verheiratet war, würde ich Elena allerdings schon gern erzählen. Und dass er ein attraktiver Mann geworden ist auch. Aber entweder alles oder nichts.

Nein, ich werde schweigen. Ich will mir von Elena nicht anhören, dass Paul ein Schuft ist, ich möchte ihn heute genauso wenig vor ihr verteidigen wie damals, als ich es gern getan hätte, jedoch zu feige war. Uschi hat es getan, aber Paul meint, dahinter hätte kein Mut gestanden, sondern eiskalte Berechnung. Er war sehr unglücklich mit ihr.

Es ist allerdings schade, dass ich mir nicht von der Seele reden kann, auf welche Weise wir uns wieder gesehen haben. Es war schrecklich, einfach nur schrecklich. Oder wie würde Elena es finden, wenn ihr ein Mann nach vierzig Jahren ausgerechnet am Nacktstrand wiederbegegnet? Man denke nur daran, wie schwierig es damals für uns war, plötzlich so zu tun, als wäre Nacktheit etwas ganz Normales! Keiner von uns hat es hingekriegt. Alle waren total verkrampft, selbst Elena. Aber in den sechziger Jahren durfte man ja nicht zugeben, dass einem die neue Freiheit Probleme bereitete. Man musste unbedingt neue Wege gehen wollen, musste die vorausgegangenen Generationen verachten und alles anders machen als sie. Weg mit der Prüderie, runter mit den Klamotten, ob man wollte oder nicht! Und eigentlich wollten wir alle nicht. Keiner von uns wollte nackt sein.

Und nun das Ganze noch einmal. Ja, ich war mindestens genauso verlegen wie vor vierzig Jahren. Nicht nur, weil ich in den letzten beiden Tagen ein Kilo zugenommen habe! Ein Kilo, man stelle sich das vor! Ausgerechnet! Ich darf mir gar nicht ausmalen, wie Paul meinen Körper in Erinnerung hatte. Jedenfalls nicht so, wie er ihn heute zu Gesicht bekam. Es war furchtbar.

Warum konnten wir uns nicht in Kampen beim Shoppen treffen? Oder im Kliffkieker in Wenningstedt? Aber nein, ausgerechnet am Nacktstrand! Elena wird nie von mir erfahren, wie dumm ich mich benommen habe. Kein Wort werde ich darüber verlauten lassen, dass ich einfach ins Wasser gerannt bin. Was sollte ich sonst tun? Stehen bleiben und den Bauch einziehen? Über alte Zeiten plaudern, während Paul meine Orangenhaut betrachtet? Nie im Leben! Er hat mir einmal ein Gedicht gewidmet. Ich will nicht, dass er es bereut, nur weil vierzig Jahre vergangen sind! Eine schöne Erinnerung will ich für ihn bleiben – auch jetzt noch.

Nein, ich werde Elena nicht verraten, wie schlecht ich mich gefühlt habe, als wir da so plötzlich voreinander standen. Sie würde mir nur wieder erzählen, dass man zu seinem Körper stehen soll, dass wir Frauen uns viel zu sehr über das Äußere definieren und daran arbeiten sollen, das gleiche Selbstbewusstsein wie die Männer zu entwickeln. Die stehen zu ihren dicken Bäuchen. Ja, ja.

Paul hat übrigens keinen dicken Bauch. Er ist groß und schlank. Ehrlich, er sieht gut aus. Ich konnte nur daran denken, dass meine Hüften breiter geworden sind, dass meine Brust schlaff ist, mein Bindegewebe nachgiebig, von meinem Bauch will ich gar nicht reden. Hoffentlich hat er mich nicht von hinten betrachtet, als ich ins Wasser gelaufen bin. Ich mag mir gar nicht ausmalen, wie ich ausgesehen habe!

Ich war überaus dankbar, dass er mir gleich folgte. Ich

glaube, er war auch ganz froh, ins Wasser eintauchen zu können. Eiskalt war es, aber ich bin schnurstracks reingelaufen, ohne mich abzukühlen. Ein Wunder, dass mich kein Herzschlag dahingerafft hat. Aber es war mir egal, ich wollte, dass mir das Wasser bis zum Halse steht. Unbedingt!

Von da an wurde es leichter. Wir haben, beide bis zum Hals im Wasser, so lange geredet, bis es uns zu kalt wurde. Das dauerte nicht lange, aber immerhin hatten wir bis dahin etwas Vertrautes wieder hergestellt. Der Schrecken war vorüber, der Adrenalinstoß löste sich auf, ich war wieder zu klaren Gedanken fähig. Elena wäre zufrieden mit mir gewesen. Ich konnte mir, als ich zu frieren begann, sagen, dass der Alterungsprozess etwas ganz Normales ist, dass Paul mir egal sein kann, wenn ihm mein Bauch und mein Hintern nicht mehr gefallen. Allerdings habe ich vergessen, mich darauf zu besinnen, dass es mir wiederum ganz egal sein kann, ob es Paul egal ist oder nicht. Aber es war mir nicht egal. Was Paul damals auch getan oder unterlassen hat, ich wollte ihm gefallen, das wusste ich, kaum dass ich ins Wasser gelaufen war. Und dieser Wunsch erzeugte in mir ein ganz anderes Gefühl als die Idee, mit Raffael Sielmann meinen ersten One-Night-Stand zu erleben.

Trotzdem war es schrecklich, als wir wieder raus mussten. Aber man kann ja nicht ewig im Wasser bleiben. Erst recht nicht in der kalten Nordsee. Da mag es auch am Strand noch so heiß sein, im Wasser fängt man bald an zu frieren. Jedenfalls, wenn man nicht schwimmt, sondern sich nur so viel bewegt, dass man noch miteinander reden kann. Ich höre Elena schon lachen, wenn ich … nein, ich werde es ihr nicht erzählen. Es wird mir schwerfallen, aber ich werde schweigen. Ganz sicher!

Wo Paul nur bleibt! Es wird ihm doch nichts zugestoßen sein! Wundern würde es mich nicht. Er ist ja noch genauso ungeschickt wie früher. Als ich ihm ein Handtuch gab, damit er sich abtrocknen konnte, hat er sich auf den neuen Davidson-Schmöker gestellt, ohne es zu merken. Noch keine Seite habe ich gelesen, aber das Buch sieht jetzt schon aus, als käme es direkt vom Wühltisch.

Ich war dann wirklich froh, als Paul sagte, wir sollten uns anziehen und in Westerland auf der Friedrichstraße Kaffee trinken.

Paul hat noch nie Fahrerflucht begangen. Er tut es nicht gern, wirklich nicht. Er schämt sich sogar. Aber Sophia noch länger im Café Orth warten lassen? Nein! Er ist schon jetzt voller Angst, dass sie die Geduld verlieren könnte. Sie kann ja nicht ahnen, was das Schicksal ihm alles in den Weg stellt. Einen Verkehrspolizisten zum Beispiel, der ihn anhält, weil er beobachtet haben will, wie Paul bei einem Überholmanöver einen Radfahrer derart gefährdete, dass der nur durch puren Zufall mit dem Leben davonkam. Dann die alte Dame mit der Hundeleine, die so lang ist, dass ihr phlegmatischer Dackel gerade erst in die Gosse springt, als sie schon die Hälfte der Fahrbahn überschritten hat. Zum Glück sind sowohl Frauchen als auch Dackel mit dem Schreck davongekommen, als Paul die Leine mit der Stoßstange in zwei Teile zerlegt. Und dann noch das runde rote Schild mit dem weißen Querbalken, das Paul total übersehen hat! Bis zum Ende der Straße zahlt er jedes Schimpfen, jede Beleidigung mit gleicher Münze heim, erst dann geht ihm auf, dass er tatsächlich einen Fehler gemacht hat.

Die schmale Parkbucht zwischen dem schwarzen Mercedes und dem hellen BMW gibt ihm den Rest. Zwei protzige Autos, deren Besitzer vermutlich genug Geld haben für eine kleine, wirklich nur ganz kleine Ausbesserung des Lacks. Es ist nicht so, dass Paul geizig ist oder unehrlich oder gar kriminell. Er hat auch einen Zettel und einen Stift zur Hand, um seinen Namen und seine Telefonnummer zu notieren. Wenn sein Handy nicht in den Dünen des FKK-Strandes läge, hätte er es getan. Ehrenwort! Dann hätte es gereicht, die Handynummer aufzuschreiben und hinter die Scheibenwischer zu klemmen. Niemand hätte seinen Namen erfahren, auch diesen beiden Kfz-Besitzern wäre nie zu Ohren gekommen, warum Paul auf Sylt ist. Aber so? Er muss es verschweigen. Und er muss zu Sophia.

Ein großer Schritt, zwei kleine, der große Schritt abwechselnd rechts und links. Unter dieser Symmetrie wird er ruhiger. Und er flüstert in dem verlässlichen Rhythmus, in dem er läuft: »So-phiii-a! So-phiii-a!«

Der Rhythmus tut ihm gut, er kommt schnell voran. Nachdem er gestolpert ist und beinahe gestürzt wäre, summt es zwar in seinem Kopf »Sooo-phi-a! Sooo-phi-a!«, aber das macht nichts. Zwei kleine Schritte, ein großer, dabei bleibt es.

Warum war Sophia plötzlich ins Wasser gelaufen? Lief sie vor ihm davon? Paul ließ sich durch diese Frage nicht verunsichern und rannte ihr hinterher. Sein Herz setzte aus, aber er machte es wie Sophia, verzichtete darauf, sich abzukühlen, und warf sich einfach hinein. Sie kicherte nicht, nein, sie lachte. Ihr schien der Kälteschock nichts auszumachen. Und Paul lachte zurück und ließ sich nicht anmerken, dass er Mühe mit seiner Atmung hatte.

Nein, sie war nicht vor ihm geflohen, sonst wäre sie hinausgeschwommen. Sie duckte sich ins Wasser, als es tief genug war, bewegte die Arme, zog die Beine an und streckte sie wieder. Paul machte es genauso.

Es war ein wundervoller Moment, ein Augenblick von großer Intimität, als sie von ihren Körpern befreit waren. Wie Mann und Frau, die gemeinsam aufwachen, die Decke bis zum Kinn hochgezogen, und sich auf einen freien Tag freuen. Obwohl in ihrer Nähe kurz darauf geplanscht und gespritzt wurde, blieb die Intimität des Augenblicks erhalten. Nur ihre beiden Gesichter, körperlos, verlassen von den großen Gesten, herabgesetzt und begrenzt auf das, was in diesem Augenblick das Wesentliche war.

Paul konnte sich an Sophias Gesicht nicht sattsehen, an den Spuren, die die vergangenen vierzig Jahre hinterlassen hatten, genauso wie an dem, was noch mit seiner Erinnerung übereinstimmte. Er freute sich an jedem Detail, was geblieben war, und ebenso über alles, was sich verändert hatte. Als ihre Füße sich kurz berührten, hätte er schreien können vor Glück. Und als nach den ersten verlegenen Fragen ihr Gespräch in Fluss kam, war er so zufrieden wie schon lange nicht mehr.

An dem Tag, an dem er sich entschlossen hatte, nach Sylt

zu fahren, ausgerechnet nach Sylt, war er auch zufrieden gewesen. Aber dieses Gefühl hatte kein Glück enthalten. Der allumfassende Friede des Glücks lässt sich wohl nicht herstellen, man muss darauf warten, dass er einem geschenkt wird. Bisher hatte Paul dieses Geschenk nie angenommen, obwohl er plötzlich ganz sicher war, dass es ihm längst angeboten worden war. Nun aber war er entschlossen, es festzuhalten.

Sophias Augen strahlten, als sie ihm von dem Treffen mit Uschi erzählte, und sie wurden riesengroß vor Staunen, als sie hörte, dass Paul mit Uschi verheiratet gewesen war. Dann erzählte sie von ihrer eigenen Ehe und ihrer Scheidung und von Elena, deren Ehen und Scheidungen. Und gemeinsam überlegten sie, was aus Bärbel und Rolf geworden sein mochte. Werners Namen sprachen sie nicht aus, sein Schicksal und seinen Tod umgingen sie sorgfältig. Selbst Raffael Sielmann erwähnte Sophia so beiläufig, dass Paul sofort Bescheid wusste: Sie hatte erfahren, dass Raffael Werners Halbbruder war.

Und sie wusste sogar noch mehr als Paul. »Raffael Sielmann ist David Davidson! Ganz sicher!«

Sie brauchte zwei Hände, um alle Indizien aufzuzählen, die für ihre Behauptung sprachen, und Paul starrte, während sie redete, fasziniert auf ihre sorgfältig manikürten Nägel. »Er hat alle reingelegt. Es war ihm völlig egal, was es für die anderen bedeutete, dass er einfach sitzen blieb und sich weigerte, auf die Bühne zu gehen. Tonia Gefrons Ruf in der Branche ist zum Teufel, und der Buchhändler hat wahrscheinlich bis heute nicht begriffen, wie ihm geschehen ist. So ein Mistkerl! Gibt erst eine Zusage und ist dann zu feige!« Lachend wiederholte sie: »Mistkerl!« Dann wurde sie wieder ernst. »Uschi schien ihn gut zu kennen. Arbeitet sie in der Verlagsbranche?«

»Gewissermaßen«, gab Paul zurück. »Sie kennt sich jedenfalls gut aus.«

»Und du?«

»Ich kenne Sielmann auch ganz gut. Schon seit Jahren. Ich glaube, er hat damals die Bekanntschaft mit mir gesucht. Das wurde mir klar, als ich erfuhr, dass er Werners Halbbruder ist.«

Sophia gab ihre Schwimmbewegungen auf und ließ ihre Beine zu Boden sinken. »Wollte er mit dir über den Unfall reden?«

Paul sah Sophia lange an, bevor er antwortete: »Nein, er wollte Rache.«

Die Kellner schließen nun sämtliche Sonnenschirme, unter denen keine Gäste mehr sitzen. Mir wird ein ärgerlicher Blick zugeworfen, weil ich noch immer keine Anstalten mache, zu zahlen und zu gehen. Die Kellner haben ja recht. Der Wind wird allmählich ungemütlich. Er greift unter die Sonnenschirme, als wollte er sie anheben, und irgendwann wird er es tun, wenn das so weitergeht.

»Wollen Sie nicht lieber drinnen Platz nehmen?«, fragt mich einer der Kellner.

Doch ich gebe noch nicht auf. »Später! Ich warte auf einen Bekannten. Wir sind hier draußen verabredet. Vielleicht findet er mich nicht, wenn ich reingehe.«

Der Kellner schaut mich an, als hätte er Mitleid mit mir.

Glaubt der etwa, ich warte vergeblich auf meinen Liebsten? Anscheinend glaubt er sogar, dass sich eine Frau in meinem Alter nicht wundern darf, wenn sie versetzt wird. Dem könnte ich einiges erzählen. Aber wozu? Der junge Kerl ist noch keine dreißig. In dem Alter ahnt man nicht, was alles möglich ist jenseits der Fünfzig. Elena würde es ihm wahrscheinlich erklären können, ihr würde er glauben. Wenn ich es versuche, würde es sich so anhören, als wollte ich mich entschuldigen.

Fünf Minuten gebe ich Paul noch. Wenn er dann nicht erschienen ist, fahre ich nach Hause. Nein, ich werde nicht im Café auf ihn warten, Elena würde das auch nicht tun. Auf das Erscheinen eines Mannes hoffen? So tief bin ich noch nicht gesunken. Auch nicht mit Mitte fünfzig. Kann es wirklich sein, dass Paul mich versetzt hat?

Darüber will ich jetzt nicht nachdenken. Und die Blicke der Kellner bin ich nun auch leid. Wozu habe ich das neueste Buch von David Davidson eingesteckt? Ich bin eine Frau, die über eine spannende Lektüre das heraufziehende Gewitter nicht bemerkt hat. Nur deshalb sitze ich noch hier, obwohl alle anderen sich längst auf die Flucht vor dem Regen begeben haben, der nicht mehr lange auf sich warten lassen wird. Mitleid brauche ich nicht! Und Paul soll sich bloß nicht einbilden, dass ich auf ihn warte. Ich sitze hier nur, weil ich in ein interessantes Buch vertieft bin.

Eigentlich hat Raffael Sielmann es ja gar nicht verdient, dass man dieses Buch liest, für das er auf so unfaire Weise Werbung gemacht hat. Nach der geplatzten Lesung hätte ich es mir nicht mehr gekauft. Ehrenwort! Aber so ...

Als das Buch vor mir auf dem Tisch liegt, ist wieder dieses Gefühl da. Das gleiche Empfinden, das mich so unerwartet traf, als ich das Buch zum ersten Mal in der Badebuchhandlung sah. Elena konnte sich auch nicht erklären, warum ich diese Hemmung verspürte, als ich das Buch kaufte. Es ist dasselbe Gefühl, das mich nun hindert, das Buch aufzuschlagen. Erneut wird etwas tief in mir berührt. Durch das Bild? Durch den Titel?

Ich komme nicht dazu, darüber nachzudenken. Der Regen setzt ein. Dicke, schwere Tropfen fallen vor mir auf den Tisch, auf das Buch, sie treffen die Entscheidung. Keine Minute länger werde ich auf Paul warten. Was bildet der sich eigentlich ein? Bestellt mich ins Café Orth und lässt mich hier dann buchstäblich im Regen sitzen! Genauso hat er damals Werner im Stich gelassen. Warum bin ich nicht auf die Idee gekommen, dass er mich deswegen nach Westerland schickt? Um der peinlichen Situation am Nacktstrand zu entkommen! Um sich meine Fragen nicht anhören zu müssen. Um mir nicht nach vierzig Jahren erklären zu müssen, was damals mit ihm los war. Oder wollte er Rache? Wollte er mich zurückweisen, so wie ich ihn mit meinem Kichern zurückgewiesen habe, als er mir das Gedicht vorlesen wollte? Wie auch immer – ich werde jetzt jedenfalls schleunigst nach Hause fahren und keinen Gedanken mehr an Paul verschwenden. Habe ich das Cabrio überhaupt geschlossen? Himmel, nein! Gut, dass es Georg niemals zu Ohren kommen wird, dass ich in einer Pfütze sitzen werde, wenn ich nach Braderup zurückfahre.

Auf den letzten Metern spürt Paul, dass er sich von der Symmetrie lösen wird. Sophias Name besteht mittlerweile aus drei gleichgroßen Schritten, die erste Silbe liegt mal auf dem rechten, mal auf dem linken Fuß. Als er sie sitzen sieht, so ganz allein unter dem letzten aufgespannten Schirm des Café Orth, kommt er ohne Symmetrie aus. Er überholt mit ein paar schnellen Schritten ein älteres Paar, das über die Frage, wann das Gewitter losbrechen wird, ins Trödeln geraten ist, springt über einen Pappteller, auf dem die Reste einer Pizza kleben, weicht geschickt dem kleinen Laufradfahrer aus, der in halsbrecherischem Tempo auf ihn zukommt, und braucht dann nur noch den Pflanzkübel zu umrunden.

Aber das verhindert ein Mann in grüner Uniform, der sich ihm sehr nachdrücklich in den Weg stellt. »Da haben wir ihn ja«, sagt er zu seinem Kollegen, der an seine Seite tritt. »Erst die akute Gefährdung eines Fahrradfahrers, dann die Gefährdung einer betagten Fußgängerin samt Dackel, dann das Befahren einer Einbahnstraße in falscher Richtung und schließlich die Beschädigung zweier Kraftfahrzeuge inklusive widerrechtlichen Entfernens vom Unfallort. Das reicht.« Seine Hand ist schwer und greift kräftig zu, als sie Paul auf die Schulter fällt. »Sie kommen jetzt erst mal mit.«

»Aber das geht nicht!«

Paul beschließt, ohne lange zu überlegen, die ganze Verzweiflung nach außen zu kehren, die er normalerweise hinter einem überlegenen Lächeln tief in sich versteckt. »Ich habe eine Verabredung! Die Dame dort hinten …!« Er bemüht sich um eine große Geste, obwohl er kein Mann großer Gesten ist. Aber er hat das Gefühl, nur mit großen Gesten noch etwas retten zu können. »Sie wartet auf mich! Wenn ich nicht zu ihr kann, zerstören Sie mein Glück!«

Hat er jemals zu einem anderen Menschen von seinem Glück gesprochen? Nein, noch nie hat er derart unverhohlen ausgedrückt, was ihn bewegt. Noch dazu etwas, was ihm erst klar wird, als es aus ihm herausgeplatzt ist. Auch das ist ihm noch nie passiert. Paul ist ein Mensch, der erst denkt und dann redet. Andererseits ist er auch ein Mensch, der weiß, dass Spontaneität eher zu den Menschen vordringt als sorgsam Formuliertes und dass impulsive Reaktionen ehrlicher daherkommen als wohlgesetzte Worte.

Aber obwohl er sich nicht erinnern kann, schon mal derart impulsiv gewesen zu sein, wird ihm kein Wort geglaubt. Die Hand auf seiner Schulter wird sogar noch schwerer. »Über Ihr Glück können wir auf der Wache reden.« Dass der Polizist grinst, weiß Paul, ohne ihn anzusehen.

»Sie müssen nur diese Dame fragen!« Er weist aufgeregt zu Sophia, die an einem Tisch des Café Orth sitzt und versunken ein Buch betrachtet, das sie zwischen den Händen bewegt wie etwas, dessen Wert ihr nicht klar ist. Warum blickt sie nicht auf? Warum hilft sie ihm nicht? Sie könnte den Polizisten vielleicht glaubhaft machen, dass es hier um ein Glück geht, das vierzig Jahre auf Erfüllung gewartet hat. Aber Sophia bemerkt nichts von seiner Not, sieht nicht auf und dreht weiterhin das Buch zwischen ihren Händen. »Ich bin mit der Dame verabredet. Lassen Sie mich ihr wenigstens sagen, dass sie nicht länger auf mich warten muss.«

»Das merkt sie von selbst!«, erklärt der Polizeibeamte ungerührt. »Wir reden jetzt erst mal über den Radfahrer, die alte Frau, ihren Dackel und die beiden demolierten Autos. Ein bisschen viel auf einmal. Seien Sie also einfach froh, wenn wir auf Handschellen verzichten.«

9.

Die Gewitterstimmung kommt mir gerade recht. Sie entspricht meiner eigenen Stimmung voll und ganz. Die Rückfahrt auf den nassen Autositzen war alles andere als angenehm, die Wut gab mir den Rest. Als ich in Braderup ankam, blitzte und donnerte es in mir, und der große Regen blieb nur deshalb aus, weil ich auf keinen Fall wegen Paul weinen wollte. »So weit kommt das noch!«

Wenn ich das doch nur Elena erzählen könnte! Aber ihre Vorwürfe will ich mir nicht anhören. Ich habe es auch ohne sie kapiert, muss mich nicht noch fragen lassen: »Wie konntest du dich ins Café Orth setzen und auf ihn warten? Eine Frau wartet nicht auf einen Mann. Niemals!«

Ich könnte Elena dann zwar fragen, warum sie an diesen alten Zöpfen festhält, was die mit unserer Emanzipation zu tun haben, warum wir den Männern Partnerinnen sein wollen und dann doch nur kokettierende Weibchen sind ... Aber was hätte das alles für einen Sinn? Es spielt auch keine Rolle, ob Paul mir die Verletzung heimzahlen will, die ich ihm vor vierzig Jahren zugefügt habe, oder ob er sich kein weiteres Mal fragen lassen wollte, warum er damals Werner im Stich gelassen hat. Entweder das eine oder das andere, vielleicht auch beides zusammen. Was spielt das noch für eine Rolle? Paul hat mich abserviert, so viel steht fest. Damals war ich zu feige, um Paul beizustehen, vierzig Jahre später ist er zu feige, mir zu sagen, was er denkt. Schickt mich einfach ins Café Orth und ist mich damit losgeworden. Keine Fragen mehr, keine Erklärungen! Er muss mir nicht seine Adresse oder seine Telefonnummer nennen, braucht keine Angst zu haben, dass ich ihn später anrufen oder sogar besuchen werde. »Ich bin gerade in deiner Nähe, wir könnten zusammen essen gehen. Jetzt, wo du von Uschi geschieden bist ...«

Glaubt er wirklich, ich könnte ihm lästig werden? Vielleicht, weil eine geschiedene Frau von Mitte fünfzig heilfroh sein muss, wenn sich jemand findet, der mal mit ihr essen geht? »So ein Mistkerl!«

Die Abendsonne drängt durch die Wolken, die heller und durchscheinender geworden sind. Das Gewitter ist weitergezogen, es regnet nicht mehr.

Ich reiße alle Fenster meines Hauses auf. Die Luft ist zwar immer noch schwer und feucht, aber der Wind, der mit dem Gewitter mitgezogen ist, hat sie belebt, hat ihr die Schwüle genommen und ihr einen frischen Duft geschenkt.

Es hält mich nicht im Haus. Auf der Terrasse schon kann ich tief durchatmen und spüre, dass mein Zorn gelindert wird, dass mein Stolz sich aufrichtet, wie es die Sommerblüher in den Beeten tun, und dass die Heftigkeit von mir abtropft. Ich schlüpfe aus meinen Sandalen und wage einen Schritt auf den Rasen, dann noch einen. Herrlich, dieser nasse Teppich unter meinen Fußsohlen! Die kräftigen Gräser, die unter der Sonne mager und borstig waren und jetzt so saftig und biegsam sind. Die Kälte, die von meinen Füßen aufsteigt, macht sich im Nu im ganzen Körper breit. Meine heiße Wut kühlt ab, die überkochende Empörung fällt in sich zusammen, meine drückende Niedergeschlagenheit frischt auf. Mit den Fingerspitzen fahre ich über die Blätter, die sich mir aus den Büschen der Grenzbepflanzung entgegenrecken, spitz und keck. Der abtropfende Regen rollt an meinen Unterarmen herab und von den Ellbogen auf die Shorts. Ich bin durch und durch feucht, als die Sonne sich einen weiten blauen Platz am Himmel zurückerobert hat. Auch in mir ist es wieder hell und freundlich. Womöglich war alles nur ein Missverständnis? Vielleicht hat Paul ein anderes Café gemeint, hat dort auf mich gewartet und glaubt nun ebenfalls, er sei versetzt worden?

Tonias Worte dringen zu mir herüber wie der erste Ruf der Vögel, nachdem das Gewitter weitergezogen ist. Ihre Stimme wird schrill, wenn sie erregt ist, und wenn die Erregung lange anhält, wird sie zudem immer lauter. Bis sie schließlich überkippt und sich anhört wie hilfloses Heulen. Ich habe das häufig mitanhören müssen, wenn Johnny seiner Frau einen Widerstand entgegensetzte. Aber das ist lange her. Mittlerweile hat er erkannt, dass es sich leichter leben lässt, wenn er zu allem nickt, was Tonia sagt. Infolgedessen habe ich ihre überschnappende Stimme schon lange nicht mehr gehört. Jetzt jedoch kommt sie aus dem Nachbargarten herüber, schwankend, in einem immerwährenden Auf und Ab von Wut und Erschöpfung, Aufbegehren und Resignation. Was mag Johnny Gefron ausgefressen haben?

»Du hast mich unmöglich gemacht! Diejenigen, die mir glauben, dass ich nichts gewusst habe, lachen über mich, und die anderen halten mich für skrupellos.«

Ihre Stimme kippt wieder, ein Hustenanfall ist die Folge.

Eine undeutliche dunkle Männerstimme antwortet ihr. Verstehen kann ich nichts, aber der besänftigende Tonfall erreicht mich. Johnnys Stimme ist es nicht, so viel erkenne ich. Der brüllt los, wenn seine Frau ihn in die Enge argumentiert, als hätte sie auf ihn geschossen. Mit wem redet Tonia Gefron?

»Es tut dir leid? Ist das alles, was du zu deiner Entschuldigung vorzubringen hast?«

Ich beschäftige mich mit einem Busch, der in der Nähe der Grundstücksgrenze steht, und zupfe die welken Blüten ab, die der Gewitterregen nicht mitgenommen hat. Nicht, dass ich neugierig bin! Ich komme nur meinen Pflichten als Besitzerin dieses Grundstücks nach!

Anscheinend redet Tonia Gefron mit ihrem Starautor. Und im Moment hört es sich ganz so an, als wäre es ihr egal, wenn Raffael Sielmann zu einem anderen Verlag wechseln würde. Die menschliche Enttäuschung wiegt anscheinend schwerer als das finanzielle Desaster, das sie erwartet, wenn David Davidson nicht mehr im Gefron-Verlag publiziert.

Die Männerstimme schafft es nun, zwei oder drei ganze Sätze zu bilden, ihr Klang ist ruhig und ausgleichend. Raffael

Sielmann ist anscheinend darauf aus, das Verzeihen seiner Verlegerin zu erlangen und sich mit ihr zu versöhnen. Alles andere wäre ja auch eine Frechheit! Auch ein Bestsellerautor muss sich an Spielregeln halten und klein beigeben, wenn er sich einfach über sie hinweggesetzt hat.

»Wegen einer Frau?« Unter Tonias keifendem Lachen fliegt ein Vogel auf und flattert erschrocken davon. »Dass ich nicht lache! Du erwartest hoffentlich nicht, dass ich dir diese Ausrede abnehme. Und wenn ich es täte – sie entschuldigt dein Verhalten keineswegs.«

Raffael Sielmann erhebt kurz die Stimme, aber Tonia schneidet sie mit einer höhnischen Entgegnung ab. »Du schreibst keine Groschenhefte, also verschon mich mit solchen Sentimentalitäten.«

Auf der anderen Seite des Gartenzauns, ganz in meiner Nähe, raschelt es plötzlich. Mir fährt der Schreck in die Glieder, als Johnny Gefrons Kopf hinter einem Gebüsch auftaucht. »Ich hoffe, Sie fühlen sich nicht gestört«, sagt er entschuldigend und nickt zur Terrasse.

»Ich? Nein! Wieso?« Vergeblich versuche ich, so zu tun, als wäre mir der Streit im Nachbargarten noch gar nicht aufgefallen. Und eifrig zupfe ich weiter an dem Busch herum, damit Johnny Gefron nicht auf die Idee kommt, mich für indiskret zu halten.

»Sie müssen das verstehen.« Noch nie habe ich ihn mit solcher Sanftheit über seine Frau sprechen hören. »Tonia ist sehr nervös seit der geplatzten Davidson-Lesung.«

Ich sichere ihm mein vollstes Verständnis zu. »Anscheinend glaubt Davidson, er kann sich alles erlauben. Nur weil er ein Bestsellerautor und darüber hinaus ein gut aussehender Mann ist.«

Johnny bedenkt mich mit einem aufmerksamen Blick. »Mir scheint, Sie wissen, wer hinter dem Namen David Davidson steckt. Ich habe es mir gestern Abend schon gedacht, als ich sah, dass Sie Uschi begrüßten.«

Ich versuche mir meinen Triumph nicht anmerken zu lassen. »Ja, ich weiß Bescheid.«

»Kennen Sie Uschi gut?«

»Seit über vierzig Jahren.«

Ich verzichte auf die Erklärung, dass ich Uschi fast genauso lange nicht mehr gesehen habe. Ihr Name steht groß und nachdrücklich zwischen Johnny Gefron und mir, ich will ihn nicht wieder flüchtig und unbedeutend machen. So ernsthaft, wie Johnny jetzt mit mir spricht, hat er sich früher nur Georg zugewandt. Noch sicherer als gestern bin ich, dass Uschis Erscheinen im Alten Kursaal kein Zufall war, dass sie jemand ist, der in die Abläufe eingreifen kann, jemand, der Einfluss hat.

»Uschi hat Ihnen also den Namen genannt«, stellt Johnny Gefron fest. »Ich wusste es.«

Ich versage mir zwar ein Nicken, aber den Kopf schütteln? Nein, das tue ich nicht. Ich möchte Johnny Gefron nicht erklären, wie ich Raffael Sielmann auf die Schliche gekommen bin.

»Sie wollte ja schon lange, dass er sein Inkognito lüftet«, fährt Johnny Gefron fort. »Zu dumm, dass sie zu spät nach Sylt gekommen ist. Vielleicht hätte sie etwas ausrichten können, wenn sie eher gekommen wäre. Sie ist die Einzige, die Einfluss auf Davidson hat.« Hilflos fügt er an: »Oder hatte …«

Meine Miene ist so undurchdringlich, als wäre ich seit Jahrzehnten in die persönlichen Geheimnisse David Davidsons eingeweiht und müsste mich über nichts mehr wundern.

»Zu spät?« Ich sehe Johnny nicht an, sondern zupfe erneut an dem Busch herum, an dem es kaum noch eine Blüte gibt. »Was meinen Sie damit? Uschi hat doch lange mit ihm geredet.«

Johnny Gefron macht einen Schritt auf den Zaun zu, tritt dabei ein paar Stauden nieder, scheint es aber nicht zu bemerken. Oder es ist ihm gleichgültig. Er sieht jetzt sehr aufgeregt aus.

»Er war gestern Abend da?«, stößt er heftig hervor. »Haben Sie ihn gesehen?«

Nun beugt er sich so weit über den Zaun, dass ich unwillkürlich zurückweiche. Was sollen diese Fragen? Johnny Gefron hat gestern Abend selber mitangesehen, wie Uschi und Raffael Sielmann sich unterhalten haben.

Irgendwas stimmt hier nicht! Ich fühle mich plötzlich genauso dumm und unbedeutend, wie Johnny Gefron mich seit Jahren behandelt. Am liebsten würde ich seine Frage ignorieren oder eine Gegenfrage zurückgeben, die mir Aufschub gewährt, bis ich durchschaue, welchem Irrtum ich aufgesessen bin. Aber Gefrons Miene ist derart eindringlich, dass es unmöglich sein wird, ihr auszuweichen.

Tonias Stimme durchschneidet unser Gespräch. »Schon mit dem Titel bin ich dir entgegengekommen! Der Titel ist nicht zugkräftig, das weißt du. Trotzdem war ich einverstanden! Dir zuliebe! Weil du diesen Titel unbedingt wolltest! Und was ist der Dank?«

Der Titel! Ich merke, dass ich Johnny Gefron anstarre, sehe das fragende Staunen in seinem Blick, kann aber nicht aufhören, ihn anzustarren. Davidsons Neuerscheinung! Warum war ich dem Gefühl nicht nachgegangen, das mich gleich im ersten Augenblick bewegt hatte? Schon in der Badebuchhandlung wog das Buch schwer, ich hatte Mühe, es zur Hand zu nehmen. Gegen einen inneren Widerstand musste ich ankämpfen. Mir war, als hätte ich nicht das Recht, dieses Buch an mich zu nehmen. Mit einem Mal weiß ich, warum.

Dass Johnny Gefron nicht versteht, warum ich plötzlich ins Haus haste, ist mir egal. Dass er mir nicht glaubt, das Telefon habe geläutet, ist mir ebenso gleichgültig. Ich muss jetzt dieses Buch in Händen halten. Auf der Stelle!

Paul zieht die Tür so leise ins Schloss, als könnte er damit alles, was er gesagt hat, alles, was gesagt werden musste, rückgängig machen. Aber dieses Gespräch ist notwendig gewesen, so unangenehm es auch war. Paul musste sogar dankbar sein, dass er früh genug aus polizeilichem Gewahrsam entlassen worden war, um diesen Besuch abzustatten.

Natürlich kann er Tonias Erregung verstehen. Er hatte nicht erwartet, dass sie Verständnis für ihn aufbringen würde. Sie kannte nur die halbe Wahrheit, und in dieser Hälfte war kein Platz für einen sechzehnjährigen Jungen, der so tief gekränkt worden war, dass er das Vertrauen in die größte seiner Fähigkeiten verlor.

Dennoch hatte Paul den Versuch unternommen, es

Tonia zu erklären. »Sophias Gegenwart war schon entmutigend genug. Aber dann auch noch Uschi!«

»Hast du vergessen, was du Uschi zu verdanken hast?«, fuhr Tonia dazwischen. »Ohne sie wärst du ein Schreiber geblieben, kein Schriftsteller geworden. Erst recht kein erfolgreicher. Wenn Uschi nicht dafür gesorgt hätte ...«

»Ich weiß«, unterbrach Paul. Er hatte es ja oft genug gehört, meistens von Uschi selbst.

Nachdem sie sich vor vierzig Jahren des Gedichtes angenommen und sich fortan um jede Zeile gesorgt hatte, die er schrieb, war es Schritt für Schritt, Jahr für Jahr aufwärts gegangen mit ihm. Aber seinen Lesern in die Augen sehen, das konnte er auch nach vielen Jahren noch nicht.

»Uschi hat sich nichts sehnlicher gewünscht, als einmal neben ihrem berühmten Mann auf einem Titelblatt zu stehen!« Tonia sah so aus, als hätte sie vollstes Verständnis für Uschis Wunsch. »Also darfst du dich nicht wundern, dass sie gestern Abend erschienen ist.«

»Obwohl sie sich bestenfalls mit ihrem berühmten Ex-Mann hätte brüsten können?«, fragte Paul herausfordernd.

Dann winkte er ab, um Tonias Antwort nicht hören zu müssen. Sie stand auf Uschis Seite und fand, dass er seiner Frau etwas Wesentliches vorenthalten hatte. Anscheinend glaubte sie, dass er ihr die Affäre mit Raffael Sielmann heimzahlte, indem er erst nach der Scheidung tat, was Uschi sich während der Ehe inständig gewünscht hatte.

»Du wolltest Uschi diesen kleinen Triumph nicht gönnen«, fing Tonia wieder an. »Obwohl du ihr so viel zu verdanken hast! Und was du mir damit antust, war dir völlig egal!«

Paul wurde müde. Tonia begriff einfach nicht, konnte es wohl auch nicht begreifen, dass sich mit Sophia und Uschi am vergangenen Abend sein Schicksal wiederholte. Was ihm vierzig Jahre auf den Fersen geblieben war, hatte sich ihm erneut in den Weg gestellt. Alles wäre wieder so wie damals gewesen, wenn er die Bühne betreten und gelesen hätte. Sogar Werner wäre dabei gewesen! In der Gestalt seines Halbbruders Raffael Sielmann.

Doch Tonia ließ ihn nicht erklären, was es mit Werner auf sich hatte. Sie blies sich die Haarsträhne aus dem Gesicht und setzte die Litanei ihrer Vorwürfe fort. Und am Ende war Paul froh, dass er nicht über seine Rechtfertigungen hinausgekommen war. Vermutlich hätte er es gar nicht fertiggebracht, über seine Schuld zu reden. Erst recht nicht über die wahre Schuld, die niemand kannte. Seine tiefe Scham! Nach vierzig Jahren war es leichter, von der Schuld zu reden, die ihm vorgeworfen worden war, als von der Schuld, die aus etwas so Unwürdigem wie einer Erektion zur falschen Zeit entstanden war.

Paul bleibt ein paar Augenblicke auf der Fußmatte stehen, starrt auf seine Füße, stellt sie so, dass eine Fuge exakt zwischen ihnen verläuft, dann geht er langsam, indem er sorgfältig seine Füße in die Mitte jeder Wegplatte setzt, zur Straße zurück. Seinen Autoschlüssel nimmt er mal in die Rechte, mal in die Linke und wechselt die Hände gewissenhaft nach jedem zweiten Schritt.

Auf der Eingangsstufe des Nachbarhauses hockt eine Frau in einem himmelblauen Jogginganzug, die ein Buch auf dem Schoß hält. Paul erkennt sofort, dass es seine Neuerscheinung ist, das Buch, das er während des Trennungsjahres geschrieben hat. Es erzählt von einem jungen Mann, der dem Mädchen, das er liebt, ein Gedicht schreibt – »Was ich dir sagen will«. Tonia Gefron war erst bereit, seinem neuesten Buch diesen Titel zu geben, nachdem Paul als Gegenleistung angeboten hatte, seine erste öffentliche Lesung zu bestreiten. Tonia wusste, dass damit aus diesem Buch ein Bestseller werden würde, und hatte schließlich eingewilligt.

Nun erst erkennt er Sophia. Sie tritt, mit dem Buch in der Hand, auf ihn zu, als hätte sie ihn erwartet. »Es hat lange gedauert«, sagt sie, »aber nun ist mir endlich der Titel des Gedichtes wieder eingefallen, das du vor vierzig Jahren für mich geschrieben hast.« Sie hält ihm das Buch hin, als wollte sie es ihm schenken. »Wann sagst du es mir endlich?«

10.

Wie soll ich das bloß Elena erzählen? Darüber schweigen, dass ich Paul wieder getroffen habe, das geht jetzt nicht mehr. Diese Begegnung nach vierzig Jahren wird keine flüchtige sein, da bin ich mir sicher. Ich war es, noch bevor Paul mir erklärte, warum ich vergeblich im Café Orth auf ihn gewartet habe. Warum seine Lesung geplatzt war, brauchte er mir nicht zu erklären. Ich verstand es im selben Moment, in dem ich durchschaute, dass er David Davidson ist. Ausgerechnet Paul! Wer hätte das gedacht? Elena muss das erfahren, unbedingt! Mein Gott, die wird Augen machen!

Ohne ein Wort gehen wir in mein Haus und ziehen die

Tür hinter uns fest ins Schloss. Ich höre Raffael Sielmanns Auto vorfahren und schiebe den Gedanken beiseite, ob er von Uschi zurückkehrt.

In diesem Augenblick entschließe ich mich, nicht mit Paul in den Garten zu gehen, obwohl der heraufziehende Abend wunderbar frisch und würzig ist.

Nein, diesmal wird nichts dazwischenkommen. Johnnys Gegenwart nicht, Tonias Stimme nicht und erst recht nicht Raffael Sielmanns Nähe.

Die Dämmerung senkt sich über mein Haus. Im Garten werden die Schatten länger, die Gerüche, die durch die geöffnete Terrassentür dringen, werden intensiver. Es duftet nach feuchter Erde, reifem Obst, nassem Laub und nach Abendessen. Eine Mischung, wie es sie nur im Hochsommer gibt. Und nur nach einem Gewitter.

Ich zünde einige Kerzen an. Über Pauls Gesicht flackern Schatten, die ihn älter machen. Alles ist genau richtig. Wir dürfen die vierzig Jahre, die vergangen sind, nicht vergessen lassen durch das richtige Licht oder durch falsche Komplimente. Ich gieße Tee ein, der Kandis knackt, die Sahne steigt vom Grund der Tasse auf in feinen weißen Ringen. Ich gebe Paul das Buch in die Hand und setze mich aufrecht hin. Er betrachtet mich lange, und es fällt mir nicht schwer, seinem Blick standzuhalten. Dann endlich zieht ein Lächeln über sein Gesicht, und er schlägt das Buch auf. Seine Stimme ist leise, aber nicht ängstlich, seine Hände zittern nicht, er lehnt sich bequem zurück und schlägt die Beine übereinander. Draußen schreit eine Möwe, als er zu lesen beginnt: »Was ich dir sagen will …«

Mein Dank geht an

Rolf K. Klaumann, der mir für dieses Buch seine Badebuchhandlung in Westerland zur Verfügung stellte,

meine Freundin Gisela Tinnermann, die meine erste Lektorin war,

meine Freundin, die Schriftstellerin Rebekka Wulff, für ihre guten Ratschläge.